新商业模式创新设计

当资本插上“互联网+”的翅膀

New business models
Innovative Design

郑翔洲 吕宝利 陈扬 编著

電子工業出版社
Publishing House of Electronics Industry
北京•BEIJING

内容简介

一般来讲，一个好的商业模式为企业带来高的利润，高的利润带来高的工资，高的工资吸引高水平人才，企业的竞争是人才的竞争，但问题的关键是如何创新正确的商业模式。本书以方法论的形式，向各位读者描述新商业模式与案例，也就是首先给出一种模式，然后再引出一系列的案例，以模式描述案例，以案例论证模式。本书的实战性较强，案例非常新颖，描述案例的手法也别具一格。本书适合中高层管理者、创业者、风险投资商及各界有志之士阅读。

图书在版编目（CIP）数据

新商业模式创新设计：当资本插上"互联网+"的翅膀/郑翔洲，吕宝利，陈扬编著.
—北京：电子工业出版社，2015.11

ISBN 978-7-121-27033-8

Ⅰ.①新… Ⅱ.①郑… ②吕… ③陈… Ⅲ.①互联网络－应用－企业管理－商业模式－研究 Ⅳ.①F270-39

中国版本图书馆CIP数据核字（2015）第200950号

策划编辑：张　昭
责任编辑：雷洪勤
印　　刷：三河市鑫金马印装有限公司
装　　订：三河市鑫金马印装有限公司
出版发行：电子工业出版社
　　　　　北京市海淀区万寿路173信箱　邮编：100036
开　　本：720×1000 1/16　印张：16.75　字数：272千字
版　　次：2015年11月第1版
印　　次：2022年1月第22次印刷
定　　价：58.00元

凡所购买电子工业出版社图书有缺损问题，请向购买书店调换。若书店售缺，请与本社发行部联系，联系及邮购电话：（010）88254888，88258888。

质量投诉请发邮件至zlts@phei.com.cn，盗版侵权举报请发邮件至dbqq@phei.com.cn。

本书咨询联系方式：（010）88254210，influence@phei.com.cn，微信号：yingxianglibook。

作者简介

郑翔洲：

国内著名PE优势资本（西南）董事长，北京燕园金控基金管理股份有限公司总裁/主管合伙人，财富中国金融控股有限公司合伙人，原金蝶软件（国际）战略咨询总监。

商业模式、投融资专家，国家发改委–中国人力资源开发研究会特聘青年专家，清华大学、北京大学客座教授，畅销书《资本与商业模式顶层设计》作者。

成功投资、融资的客户：塞飞亚食品（2.2亿元）；海鸥水产（2.2亿元）；香舌丽传媒（1.2亿元）；三江源冬虫夏草（1亿元）；华平股份定向增发（1亿元），八达园林并购（6000万元），云南龙生（7000万元）。

吕宝利：

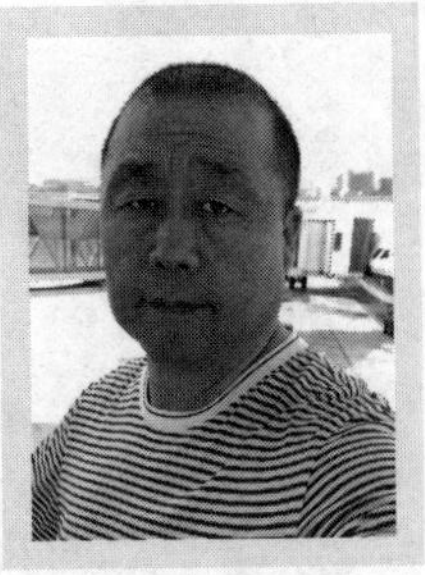

天使投资人，北京燕园金控基金管理股份有限公司副董事长，吉林明翰投资有限公司董事长。中国科技大学计算机硕士学位，敦化市人民代表大会常务委员会委员，敦化市华侨联合会副主席。20世纪90年代末至今成功参与并投资：食品生产、公共交通、职业教育培训、房地产开发及商业地产和物业管理、矿产资源投资开发、旅游景区投资开发。

陈扬：

优势金控（私募股权基金）副董事长，南充锦绣山河盾购公司董事长，四川省自贡商会常务副会长，北京大学EMBA硕士研究生，长期致力于“产业+金融+互联网”行业研究，对企业融资、基金投资、产融结合有独特见解和眼光。

序言

接触过的企业近万个，深知我国的企业成活率不高、成长不快、业绩不稳定，其根源就是缺乏成熟的商业模式和赢利模式。如果我们的企业都能重视商业模式的设计和再造，都能注重培养打造自己的核心竞争力，我们的企业就会成长得更好，我们的国家也就会更强大。

管理学大师彼得·德鲁克说："当今企业之间的竞争，不是产品之间的竞争，而是商业模式之间的竞争。"一个企业要想基业长青，首先要制定清晰而正确的企业战略，而后将战略付诸实际，形成企业自己的一套强大的、可操作的、可持续赢利的商业模式。没有这个基础，谈为人民谋福祉、为社会谋福利、为股东谋利益、为消费者谋品质都是空谈。

很多专家认为，企业要想发展好，必须要诚信、勤奋，可是每年中国因为诚信破产的企业比比皆是，因为勤奋走投无路的老板数不胜数。最成功的商人往往不是最聪明的，也不是最勤奋的，而是最懂得运用商业模式的。商业模式属于战略的范畴，但又不同于战略。

商业模式已经成为挂在创业者和风险投资者嘴边的一个名词。几乎每一个人都确信，有了一个好的商业模式，成功就有了一半的保证。那么，到底什么是商业模式?它包含什么要素，又有哪些常见类型呢?

用最直白的话告诉大家：商业模式就是公司通过什么途径或方式来赚钱。简言之，饮料公司通过卖饮料来赚钱；快递公司通过送快递来赚钱；网络公司通过点击率来赚钱；通信公司通过收话费赚钱；超市通过平台和仓储来赚钱，等等。只要有赚钱的地方，就有商业模式存在。

我非常同意作者的观点，在企业中，品牌营销、人力资源、财务管理解决不了的问题，商业模式可以为你解决。《新商业模式创新设计》一书最重要的思想贡献就是把客户价值的最大化作为企业发展战略和商业模式制定的前提。以方法论的形式、以哲学的观点、以深入浅出的语言为读者解析商业成功的规律。

和其他商业书籍不同的是，这本书很少有赘述。和传统的商学院的教材不太一样，实战性较强，案例非常新颖，描述案例的手法也别具一格，总结的内容非常丰富，既有激情的感性，也不失从容的理性。郑翔洲是我在中国人力资源开发研究会遇到的最年轻的老师，而他的学识已经超出了他的年龄，他的培训经历的确让很多总裁班的学员们折服。

华东师范大学企业与经济发展研究所所长、博士生导师

李志林　教授

前言

人生就是爬大山，做企业就是过大河。选择了高山，就选择了坎坷；选择了执著，就选择了磨难；选择了宁静，就选择了孤独。所以我们企业家需要从成长走向成熟。

如何从枝繁叶茂的成长，走向根基深扎的成熟；如何从敢为人先的成长，走向甘为人后的成熟；如何从应有尽有的成长，走向应无尽无的成熟；最终变得既有激情的感性，又不失从容的理性。

本书以方法论的形式，向各位读者描述模式与案例。也就是首先给出一种模式，然后再引出一系列的案例，以模式描述案例，以案例论证模式。这种方式和商学院的那些非常教条、非常古板的案例教学完全不同。

我遇到的很多商学院毕业的MBA，都感觉读MBA几乎没有什么用。不仅中国如此，全世界都是如此，这到底是什么原因？我觉得首先一点就是商学院的教材都有一个问题，绝大多数教材除了理论的东西以外，都喜欢把简单的事情复杂化，而真正做企业需要的是把复杂的事情简单化。

本书有些观念会上升到周易、老子的哲学范畴，通过道法自然的力量，找到企业发展的规律。世界上不缺乏好的策略，缺乏的是形成好策略的规律。历史不会重复事实，但历史往往重复规律。中国企业应该尊崇好规律，摒弃坏规律，以史为鉴，面向未来。有兴趣的读者可以通过邮件的方式免费获取6小时《新商业模式赢天下》视频，邮箱地址：zhengxiangzhou@163.com。

作　者

2015年4月

目录

第一章
资本与“互联网+”帮助企业高速成长

一、类金融模式设计——积德粮行的案例

积德粮行是一家专门做有机食品的公司，包括有机的油、盐、米之类。他们通过一年的积累累计了大概1000个高端客户，每个客户每年消费2000元。但是问题来了，要想让他们第二年继续消费的时候，很多人就不愿意了，因为有机的东西，看不见摸不着，吃了也没有觉得特别好，不吃也觉得无所谓。那么怎么办呢？

后来我们为“积德粮行”专门设计了一个类金融模式。他的每个高端客户，不需要再花钱消费有机食品，每年积德粮行赠送价值2000万元的有机食品给这1000个高端客户。怎么做到的？

每个高端客户存10万元到积德粮行指定的银行，积德粮行有1000个高端客户，这样就是1000个10万元，总共一个亿。换句话说，积德粮行为这家银行支行的行长拉了一个亿的存款。

10万元的定期存款是3%左右，也就是存10万元到银行，一年的定期存款的利息是3000元。那么积德粮行为这家支行的行长拉了一个亿的存款，这家银行可以给积德粮行做回报，年化率可以达到5%。

10万元×（5%–3%）＝2000元。

积德粮行的类金融模式就是：一个高端客户存10万元在积德粮行指定的银行，每年享受3000元的年化收益率，积德粮行再赠送这个客户价值2000元的有机食品。这叫“羊毛出在猪身上，小狗来买单”。

银行的利益点：通过这种方式拉了一个亿的存款。

高端客户：没有花一分钱，只是把银行的存款从这个银行挪到了积德粮行指定的银行。

积德粮行：通过这种类金融的模式，很快打开了市场。

更重要的是，积德粮行的这种模式已经从经营产品的企业转型到经营人群的企业。这种模式实际上就是有机食品行业里面的“小米模式”。

所以，一个经营产品的企业，没有挂牌上市之前，市盈率只有8～12倍，如果一个经营产品的企业，注入互联网的基因，转型成经营人群的企业，在没有挂牌上市之前，市盈率可以达到15倍以上。

二、云南龙生普洱茶公司的农业与“互联网＋”商业模式

云南龙生普洱茶公司主要从事茶园的种植和管理，生产及销售包括绿茶、普洱茶、茉莉花茶、乌龙茶、红茶在内的各类茶叶产品，拥有“茶叶种植—茶叶加工—茶叶销售”完整产业链。公司凭借突出的资源优势，运用经过多年生产实践积累和总结形成的一套完备、成熟的茶园管理标准和茶园生产管理体系，能够有效地控制生产成本，并全过程保证产品质量，形成了公司的核心竞争力。

公司现拥有茶山8.5万亩，其中可采摘茶园面积3.081万亩。除上述自有

茶园外，公司通过承包或委托经营茶园，经营茶园面积共计3.26万亩，是国内经营茶园面积最大的企业之一。

公司位于普洱茶核心产区云南省普洱市。普洱市不但具有适宜普洱茶原料种植和生产加工的水源、气候、温湿度等自然条件，而且素有“中国茶城”之称，为当地普洱茶企业的发展提供了有利的地理条件和宣传效应。

云南龙生普洱茶是一个农业资产证券化的案例，茶园占地8.5万亩，专门种植普洱茶茶叶。传统的卖茶叶的模式是，把茶叶打包出来，然后去市场上贩卖。新的模式和思路完全颠覆了传统模式。

首先，传统的茶叶公司靠茶叶的差价赚钱，龙生茶园可以一亩一亩地卖，前提是土地可以流转。1亩茶园每年产150斤普洱茶，普洱茶茶叶市场价格是平均每斤200元。客户买1亩茶园6.8万元，这1亩茶园租给公司来进行经营，租金不用现金，而是每年返给客户75斤普洱茶茶叶（价值5万元），而且连续返20年（每年1.5万元，20年就是100万元，流转土地期限20 ~ 30年）。这就相当于把客户变成了股东。

这家茶叶公司的盈利点：

1. 土地的差价：把土地证券化，1亩地卖6.8万元，而每亩土地和人工成本只需要3万元。

2. 茶叶的差价：每亩土地产150斤茶，其中75斤返还给购买茶叶土地的人，其中75斤自己销售，在中间可以赚差价。

3. 股权的增值：从经营产品的企业转型到经营人群的企业，从而提高了公司的市盈率。以前是卖茶叶的差价赚钱，现在转型为经营茶叶的公司，所以龙生公司目前的利润是2000万元，优势资本总共投资云南龙生普洱公司5000万元。优势资本既是公司的资金提供者，又是公司的资源提供者，还是公司的智力投资者。

但问题是：不是所有的茶都能使用这样的方式。普洱茶因为有黄金的属性，可以增值，但是有些茶不易于保存，不能产生增值，不能使用这样的模式，比如西湖龙井、白茶等。

优势资本为什么觉得云南龙生普洱茶公司值得投资呢？

1. 企业合规性：龙生普洱已于2007年完成股改，公司财务、法律基本合规，符合新三板要求的挂牌条件，预计能在6 ~ 8个月完成上新三板（亮点：新三板挂牌不存在问题且挂牌时间快）。

2. 基金收购股权成本：龙生交易要满足XX投资机构的退出条件，同时以原始股价收购其余小股东约1536万股，折合成每股收购价格：基金收购龙生股权成本为：2.0元/每股（亮点：股价低，基金进入成本低）。

3. 低估值进入：龙生普洱经第三方资产评估机构评估资产约4亿元，基金以估值约2亿元人民币进入，经商业模式再造后，企业估值将大幅度提升（亮点：以净资产估值进入，以市盈率估值退出）。

4. 业绩增长有保障：龙生普洱预计2015年将有1.5亿的销售额，2500万元净利润；商业模式再造后，通过资产众筹模式，每年保守估计销售1000亩，净利润2000万元（亮点：通过资产众筹带来的增量收益，2015年预计净利润总共4500万元）。

5. 新三板挂牌后，PE倍数放大：新三板挂牌后，按照30倍平均市盈率（上市之后市盈率可能更高），保守估计企业市值为4500 × 30=13.5亿元，总股本1.28亿元，故企业股价至少在13.5/1.28=10.5元/股，投资回报率达到10.5/2.0=5.21倍。

6. 云南龙生茶叶公司给优势资本兜底。

同样的模式可以用在葡萄酒、红枣、水蜜桃以及其他相关的农产品上。这是农业行业一个完全革命化的创新。

普通的企业挂牌新三板之前，市盈率最多12倍，最少8倍。但是这家公司在挂牌之前市盈率可以达到20倍，上了新三板之后至少30倍市盈率。

私募股权投资者会在这家企业10倍市盈率的时候投资这家企业。当它上了新三板，它可以达到30倍的市盈率，可以赚取200%的利润（一年之内）；如果它被一家市盈率300倍的上市公司收购，那么至少可以赚取3000%的利润（2年之内）。

三、“定向增发基金”的商业模式

什么是定向增发？定向增发是指上市公司向符合条件的少数特定投资者非公开发行股份的行为，规定要求发行对象不得超过10人，发行价不得低于公告前20个交易市价的90%，发行股份12个月内（认购后变成控股股东或拥有实际控制权的36个月内）[1]不得转让。

定向增发包括两种情形：一种是大投资人（例如外资）欲成为上市公司战略股东、甚至成为控股股东的。以前没有定向增发，它们要入股通常只能向大股东购买股权（如摩根士丹利及国际金融公司联合收购海螺水泥14.33%股权），新股东掏出来的钱进的是大股东的口袋，对做强上市公司直接作用不大。另一种是通过定向增发融资后去购并他人，迅速扩大规模。

上市公司如何通过“结构化定向增发”操作股价？

• 所谓“结构化定向增发”，是指采取“优先”与“劣后”安排；

- 大部分投资者充当“优先级”投资者，提供优先级资金，享受固定收益或有限度的浮动收益；
- 小部分人充当“劣后”角色，承担风险，并享受剩余收益。

那么这些小部分人究竟是谁？

- “在结构化定增”的案例中，充当“劣后”角色的投资者往往并非外人，而正是上市公司自己的高管、实际控制人、机构投资者，即少数核心员工参与、秘密进行的“员工持股计划”，这也是我们A股市场员工持股计划的早期非正式版本。
- 以4倍杠杆为例：假设上市公司实际控制人、高管和机构投资者自行募集“劣后级”资金3000万元，专项资产管理计划配套“优先级”资金9000万元，优先级享受7%的年化率，该专项资产管理计划总资金12000万元全部用于认购上市公司定向增发的股份，锁定期1年。
- 在1年的锁定期内，上市公司实际控制人、高管和机构投资者通过筹划产业并购（收购一些盈利的中小企业）、重大资产重组等“市值管理”，不断推高二级市场股价。
- 假设1年锁定期后，专项资产管理计划对外出售股份，获利30%（保守估计）。则总获利金额为：

$$12000\text{万元} \times 30\% = 3600\text{万元}$$

- 扣除优先级资金的固定成本9000万 × 7%=630万元。
- 由“劣后”投资者享受的收益为3600万–630万=2970万元。
- “劣后”投资者投资3000万元，回报为2970万元 × 70%。（1年）

最后的结果是：上市公司高管赚钱，机构投资者赚钱，中小企业赚钱，那么请问谁亏钱？答案是中小股民亏钱！那么请问各位读者，你是愿意成为赚钱的上市公司的高管、机构投资者、中小企业，还是愿意当亏钱的中小股民？

问题又来了，投资“定向增发基金”有风险吗？投资“定向增发基金”关键是要做主动管理型的市值管理。如果有一天中国股市的大盘下降到3000点，可以说90%的“定向增发基金”都要亏损。优势资本做“定向增发基金”，必须在上市公司有一个董事席位，这样才能够做主动管理型的定向增发。

其次，要找好至少1亿利润以上的并购标的，把这些优质资产装入上市公司，那么即使有一天中国的大盘下降到3000点，那么一家上市公司市盈率100倍（其实我们做的上市公司定向增发，基本上市盈率都在200倍以上），这样1亿×100倍=100亿。也就是说，一家上市公司A花10亿购买1亿利润的企业B，这家上市公司A股价提升100亿。那么在上市公司A收购企业B之前，投资基金就会率先进入投资，投资的时候，企业B估值5亿。在上市公司A收购企业B之后，投资基金退出，赢利100%。周期大概1 ~ 2年。

如何提升上市公司股价？

市值是指一家上市公司的发行股份按市场价格计算出来的股票总价值，其计算方法为：

市值=每股股票的市场价格×发行总股数

股价＝每股年净收益（利润）×市盈率

如何提升利润？请看《新商业模式赢天下》6小时视频讲座；

如何提升市盈率？ 可参考《资本与商业模式顶层设计》。

（1）持续性盈利的商业模式；

（2）企业转型；

- 小市场转型大市场；
- 低利润区转型高利润区；

- 转型下游、控制渠道；
- 转型上游、控制资源；

（3）互联网化；

（4）转板；

- 创业板转主板；
- 新三板转创业板。

四、"喜临门"基金持股模式

格力空调的"区域股份制公司"、娃哈哈的"联销体模式"、泸州老窖的"期权模式"，百丽的"差价+期权模式"，这些模式都是在构建生产商与终端销售渠道建立了利益共同体。于是一种新型的利益共同体就正式出炉了，也就是基金持股模式。

以喜临门为例，2014年2月19日，基于喜临门公司对未来发展的信心，实现员工与企业风险共担、利益共享，除公司高管、员工以外，公司实际控制人陈阿裕还为重要加盟商提供担保、兜底进行融资，鼓励在自愿、合法、合规的基础上买入或增持公司股份。

具体持股方式：增持人将自筹资金委托实际控制人统一代收代付给托管证券公司设计"财通基金—新安九号资管计划"，锁定期2年，实际控制人提供个人担保，完成1：1.5的杠杆融资之后，委托证券公司在对应托管银行监督下进行专业化投资管理。参与"新安9号"的加盟商、机构投资者通过实际控制人委托托管券商以不高于9.5元的均价通过上交所二级市场购入喜临门流通股股票。

实际控制人提出公司业绩增长目标，并根据业绩目标达成的情况，向所有增持人员提供不同的计划收益保底承诺。业绩增长目标：2014年对比2013年收入增长35%，利润增长30%。2015年对比2014年收入增长30%，利润增长32%。

实际控制人承诺：在喜临门达成业绩目标基础上，所有增持人员的总投资年化收益率不低于15%。如果业绩目标达成，而“新安九号”收益率低于15%，实际控制人将以现金补偿直至所有增持人员的总投资年化收益率达到15%。如果业绩未达成目标要求，则实际控制人向增持人员承诺5%的投资本金收益率。

让经销商与公司高管共同关注业绩与市值，与股东利益实现绑定的一种新型的股权激励设计，相对于比较传统的股权激励方案，其优点在于不仅可以避免上市公司费用的压力，还能避免传统的限制性股票激励计划中的跨期盈余管理。如果加盟商能达成业绩目标，则无须承担二级市场的风险而直接获取固定的投资年化收益，从而对加盟商产生更好的激励效果。

最后的结果是：上市公司高管赚钱，投资基金赚钱，经销商赚钱，那么谁亏钱？中小股民亏钱！

五、泸州老窖的“期权模式”，绑定经销商的利益

20世纪90年代末，泸州老窖便开始策划“1573”，一个公司只有品牌还不行，将品牌落地才是王道。将高端品牌“国窖1573”落地的那群人是谁呢？当然是经销商们了。为什么经销商会如此卖力地销售“1573”？答案是期权激励，也就是任何一个经销商销售“1573”达到一定数量时，都可以折合得到一部分期权。

泸州老窖选择给经销商期权是出于两个方面的考虑。一方面，经销商对

资金周转率的追求达到了极致，对购买股份的风险顾虑也颇为浓重。另一方面，泸州老窖才上市不久，股价较低，锁定认购股价后，经销商可获取的价差空间还是较为可观的。而期权激励这种模式恰恰既能避免占用经销商的资金，又能激励他们拼命销售"1573"。通过市场业绩提升股价，扩大差价，增加行权后的股票杠杆红利。这一举措实施以来，经销商们个个赚得盆满钵满，泸州老窖也在白酒的黄金十年中建立起了自己的品牌。

接着泸州老窖"借股权壮营销"。2006年，泸州老窖公布定向增发方案，方案拟发行3000万新股，发行价12.22元。将拟募集资金用于"优质酒产能扩大及储存基地建设项目"。而该方案的意义在于通过将主要的经销商纳入拟激励对象中，实现经销商股东化、助力品牌影响力的扩大。

2009年，泸州老窖又创造了"期权模式"，为新一轮的营销神话铺就了一条康庄大道。2008年初，泸州老窖在重点区域市场设立股份制片区销售公司，当地的销售人员和经销商共同入股，成立片区销售公司。

泸州老窖的期权模式被誉为白酒行业销售大区股份化的创举。该模式一方面纳入销售公司管控，销售费用和管理人工等支出也就相应减少，另一方面。经销商以资金入股，并支付保证金，可以有效增加泸州老窖的现金流入。

六、《新资本模式课程》的全新商业模式："买课程＋送股权"模式

这是我们联合北京大学推出的一个高端课程《新资本模式创新设计班》。

（一）为您打造7套方案

1. 商业模式创新方案；

2. 投资组合方案（一级市场+二级市场）；

3. 股权（期权）激励方案；

4. 资本顶层设计方案；

5.“产融结合”方案；

6. 上市规划方案；

7.“互联网+”改造方案。

（二）学费10万元/6个月，赠送“燕园金控（私募股权基金公司）”10万元的原始股。

（三）可以获得全球著名基金（平均年投资回报率100%以上的基金）部分跟投权。

（四）获得北京大学高级研修班的结业证书。

（五）跟随“燕园金控（私募基金）”学习三年股权投资、定向增发、并购基金、产融结合等实战经验。半年学习，1年辅导，3年实战。

燕园金控（私募股权基金公司）是由全国著名基金优势资本、著名投行财富中国金融控股有限公司控股的一家基金管理公司，主要投资新三板、并购基金、定向增发的基金（主要投资农业、新材料、TMT、节能环保、大消费、大健康、大旅游、产业地产、零售连锁类的企业）。

优势资本已经投资170家企业，其中31家企业已经成功IPO上市，29家企业成功退出，投资回报率平均在3 ~ 10倍。

财富中国金融控股有限公司是一家融资服务的投资银行，近期已经协助超过25家企业获得私募融资，融资金额累计已经超过25亿元人民币。也协助超过40家企业在境内外多个主流交易所首发上市，IPO融资金额累计超过120亿元人民币，市值过百亿的企业超过10家。

这个“买课程+送股权”模式成功的前提是：

首先，“送股权”的这家基金公司股权要有价值，如果股权没有价值，也很难成功。（中国的基金管理公司1万多家，其中90%都是亏损的，一个基金公司如果没有10年以上成功投资案例的基础，也很难持续性成功。）

其次，课程内容要好，导师不仅要有实战经验，而且更要有表达实战的经验。

再次，课程是方案班，不仅是导师在讲，更重要的是学员在做，而且每位学员毕业的时候，要有7套方案。

这个模式推出后，很容易就脱颖而出，而很多培训机构抄袭这个模式，几乎都没有成功的。为什么？首先是很多培训机构送的股权没有价值，一家新成立的基金管理公司，哪怕是注册资金1亿元，如果没有10年以上的成功投资经验，也很难获得持续成功。其次是很多导师有实战水平，但是却没有表达实战的水平。

七、“借壳上市”模式，通过资产增发实现

借壳上市是什么意思？所谓借壳上市，是指非上市公司通过收购或其他合法方式获得上市公司的实际控制权，将原上市公司资产、业务进行必要处置或剥离后，再将自己所属业务“装进”已上市公司并成为其主营业务，从而实现未上市资产和业务间接上市的行为。

一家上市企业，运营得不好，我购买了这家上市企业的股权，成为大股东，于是我就有了上市公司股东的发言权，我把我的资产装入这家上市公司，这个过程就叫买壳上市。有很多企业老板，他们很重视如何拥有上市公司的控制权，但是控制完了呢？如果你不能顺利地完成把自己的资产装入上

市公司这个步骤，你从哪里去赚钱?

买壳上市的基本标准是10亿元，这个数值叫作评估值。一个公司去买壳，也想通过买壳赚钱，其资产应该比较巨大，只有巨大的资产，才能保证在买壳的过程中获益。

在买壳的过程中，如果企业资产负债率很低，那么能不能上市呢?比如一个企业只有20%的资产负债率，或者没有欠债，这样的企业能上市吗?答案是否定的。你报初审的时候就会被打来回，券商就不会帮你做，因为理论上你还有很多资产可以用更简单的方式变成现金。

所以资产负债率过低的企业不能IPO上市，但资产负债率过低的企业，能不能买壳上市呢?当然可以。买壳的净资产，不在乎你的资产负债率有多少，只要你的净资产数量够大，就可以买壳。买壳的过程中，对壳有特殊的要求，买壳是一个非常复杂的过程。虽然有些企业通过买壳上市，只花了2 ~ 3个月的时间，但是这个过程的复杂程度，是常人难以想象的。

买壳的注意点：

一要小壳，规模不要太大。

二要空壳，最好没有主营业务，因为主营业务的变更也是很麻烦的事情。

三要净壳，净壳就是它的潜亏、它的负债、它的连带担保责任都很少，这个壳的财务相对要干净，但是国内的壳几乎没有特别干净的。

比如，四川有个壳可以用来重组，但是首先要解决3000个下岗职工的问题。我遇到河南有个好壳，看起来很好，但是其涉及的连带担保单位就有390多家，不可不防啊。

当你买壳的时候，也要向证监会承诺，未来三年的连续业绩收益。比如买完壳第一年的利润是0.8元，第二年利润要做到1.2元，第三年利润要做到

1.6元。你买了以后才会发现，它潜在的亏损、连带的债务，根本不可能让你有利润，但是由于你向证监会保证过，你只能把自己兜里的钱（大股东用自己的钱）放进上市公司作为利润。

我遇到上海的一家公司，买壳后的2年时间里往里面放了7个亿的现金，也就是大股东自己掏腰包7个亿，放到上市公司里面作为利润，否则他就不能满足证监会的要求，钱一进入上市公司，就变成所有股东的财产了。所以买一个净壳非常重要。买进一个干净的壳，做债务重组，把一个壳所有资源调查清楚，是极其复杂和艰巨的任务，所以请一个好的财务顾问非常重要。在中国买壳做得好的财务顾问非常少。做IPO做得好的财务顾问有好几百个，但是做买壳上市做得好的却很少。

八、如何通过"买壳"模式赚钱

A公司是一家上市公司，严重亏损；B公司希望买壳上市。

A公司：1亿股，5元钱一股，但是公司有3亿元的负债，有5000万元的资产，这是一个典型的ST企业，严重的资不抵债，那么这个公司可以作为一个壳。

B公司：是一座商务大楼的所有者，价值15亿元，每年房租有3亿元的利润。

A觉得如果我想生存下去，我必须把B公司的这座大楼放到我A公司的上市公司里面来，一旦我把大楼放进上市公司，那么大楼的利润就是我的利润。

所以A公司做了一件事情，叫作资产增发；如果做现金增发（定向增发），也就是多发行股票数量来换现金，这样的权利只能交给赚钱的、业绩好的上市公司，但是对于资产增发，任何公司都可以做，不管业绩好坏。

资产增发是什么概念？A公司现在的股票的票面价值是5元钱一股，股东大会同意，A公司增加印3亿股股票，每股5元，这样就是15亿，把这个15亿交给了B公司，换B公司的15亿大楼的资产装到A公司里面来。请问这个过程是A公司赚钱，还是B公司赚钱？

其实B公司赚了。A公司之前有1亿股，加上新发行的3亿股，总股本就是4亿股，其中3亿股，在谁的手里？在B手里。B公司变成了A公司的大股东。这座大楼在A公司名下，但是B又是A公司的大股东，所以B仍然掌控这座大楼。虽然A公司亏了一点，但A也不是最亏的。B持有A 75%的股权。

由于B公司进来以后，会给A公司带来利润，所以A公司的股票还会不会是5元钱一股呢？肯定更高。所以你会发现这是一个双赢的过程，由于B公司3亿元的利润进入A公司，A公司股票肯定会涨，股票一涨，A也成了最大的受益者，无非就是A公司的股权被稀释了。

但是A公司觉得不够，它还需要B公司给它一部分现金的补偿。虽然A和B两家公司在重组过程中，B拥有了一家上市公司，可是B毕竟还是花钱了，那么在这个过程中，B是不是没有赚到钱呢？B不仅没有赚到钱，B还承揽了A公司原有的3亿元债务。买壳的过程是一个赚钱的过程，那么B公司怎么赚钱呢？B公司如果提供5元钱一股的股票，那么市面上有没有人会来买，肯定会有很多人来买，因为他们都知道，重组一旦完成就会赚钱。

其实B公司和A公司商量，我们不要资产增发3亿股，我们可以资产增发4亿股，每股5元，这样就是20亿。B公司就再引入一个投资方C公司，出5亿元现金，于是B公司的15亿元加上C公司的5亿元，这样就是20亿。B公司的好处就是资产增发的这块资产不仅是15亿资产，还要加上5亿元的现金，最后A公司这家公司的账面上马上就有了5个亿的现金，B公司又是A公司的大股东，所以B公司最后也赚钱了。

问题的关键是C公司愿意出5亿元的现金吗？当然愿意，因为C公司想5元一股买股票，不一定买得到，但是现在有机会买得到了，所以C就疯抢，而且在现实中，会有无数的人争抢去当C。但是，一般能够争到当C的会是谁？都是中银国际、工商东亚、招商、光大等等有银行背景的投资公司。为什么这些机构能够争到当C的机会？因为他们在和B公司谈判过程中，这些银行背景的投资公司C可以帮助A做债务重组。A公司不是欠钱吗？比如A公司欠的是中国银行的钱，中银国际劝说中国银行分行给A公司负债3个亿进行减半，否则B公司不愿意进来。减半以后，分行不是还有1.5亿的损失吗？但是中银国际自己当了C，赚了将来的钱，中银国际承诺1.5亿转入这家分行。

这个过程成败的关键，就是谁能够帮A公司做债务重组，谁能做到谁就来当C。

C如何来防范风险呢？在B公司买壳之前，这5个亿的现金，由C打到B的账户，也就是共管账户，这个户是专门特殊留印章的。这套印章在谁的手里？在C手里。这个账户在B的名下，但是账户的印章在C手里，B无法动用这5亿元现金。如果重组成功，5亿就变成了1个亿的股权，如果重组不成功，B还必须把这个5亿元还给C，而且还要支付利息。这样C就规避了风险。完全的空手套白狼。

那么新问题又来了，C用5亿元拥有了1个亿的股权，C又如何退出呢？

C可以马上针对这1亿股，发一个信托产品，8亿元，也就是C把1亿股股票交给信托，信托支付8亿元，这8个亿的信托产品就可以通过中国银行全球的渠道去卖这个8亿元的信托产品。中国银行就可以把这个信托计划做成柜台理财产品，这个理财产品有两种，一种叫优先级理财产品，一种叫次级理财产品。优先级理财产品，投资总额到5亿元（比如投资某上市公司的股权，预期投资回报率8%，五年还本付息，如果五年后优先级产品金亏损，次级补优先）。次级理财产品，投资总额也是3亿（比如投资某上市公司的股权，五年后还本付息，以卖出所有本次股权为结束，上不封顶，下不保底）。

最后，C拿到这8个亿，其中5个亿留在账上，本就回来了。剩下的3个亿资金就可以用来买这8个亿的理财产品（信托产品）。C是买优先还是买次级呢？当然是买次级。为什么？假如五年因为大股东要承诺上市未来三年的业绩，以后这只5元一股的股票涨到20元一股，很正常，1亿股是20个亿，抛掉1亿股就赚回20个亿。这就相当于次级产品用年利息8%向优先级产品借了5个亿的现金，而独自享受了20个亿的收益。换句话说，次级只要还给优先5个亿加上8%的利息。

最后是三赢局面

A由于有了B的利润，减免了债务，通过股票上涨卖股票以及一些利好消息获利（由于三家合作过程中，A的利益最小，那么B就可以拿一部分利益补偿给A原有的大股东）。

B拥有了一家上市公司，而且账面上还有了5亿元的现金。

C拿到了1亿股股票，总共5亿元，向信托公司发行8个亿的信托产品，购买4个亿的次级理财产品，赚了很多。

注意：基金、信托和银行的关系，就像电气行业里面，彩电、洗衣机和国美苏宁的关系；基金、信托是产品，而银行是渠道。

九、“并购基金”的商业模式

- A企业利润4000万元，市盈率10倍；

- A企业估值=利润×市盈率=4亿元；
- 并购基金C投资企业A 1亿元，投资后估值5亿元，持有A 20%的股权；
- 一家上市公司B准备并购A，用5亿元收购A；
- 假设上市公司的市盈率为40倍（平均市盈率）；

那么，A被B收购以后，A企业估值为16亿（4000万×40倍）。

基金C持有A企业20%的股权，作价3.2亿。

并购基金C盈利=3.2亿–1亿=2.2亿（3年）。

如果3∶7结构化，3000万元劣后，7000万元优先（7%年化率），则：

劣后级LP的收益=2.2亿–7000×7%×3＝1.47亿元；

劣后级LP投资3000万，分配1.47亿×70%=1.029亿。（3年）

投资回报率为100%/年。

并购基金GP分配1.47亿×30%=4410万元。（3年）

投资回报率为49倍/年。

十、互联网＋

互联网+产品中心转型为用户中心。

全中国最大的“航空公司”——携程网，可是携程网没有一架飞机；

全中国最大的“餐厅”——大众点评网，可是它却没有一个厨师；

全中国最大的“出租车公司”——滴滴打车，可是它没有一辆汽车。

连接，是互联网的本质和价值所在，是互联网商业化的主要根据与载体。门户、电商、搜索、社交都体现了连接。

- 阿里余额宝=传统基金产品+支付宝+海量用户；

- 智能穿戴=表、手环、眼镜+各种传感器；
- 乐视智能TV=平板电视+视频内容+TV应用；
- 美团网APP=传统服务业商户+美团网+广大消费者；
- 智能家庭=智能终端、家具+控制手机；
- 互联网汽车＝汽车+GPS+智能车载终端+外延服务。

2014年是移动互联网元年，是两个大佬的对决：

- 阿里巴巴，市值2300亿美金，擅长打折推销；
- 腾讯，市值1800亿美金，伟大的全民飞机，伟大的微信红包，伟大的滴滴打车。

从长远来看，后者有机会超越前者。

传统企业转型互联网有三大误区：淘宝化，电商化，渠道化。大家都认为互联网是渠道，大家都把互联网当成了卖的工具。其实都是错的，有些企业连网站都没有，但是却是一个互联网企业。“互联网+”的核心是用户思维，也就是如何经营用户，如何向老客户卖新产品，如何让1万的用户群通过互联网工具转换成10万的用户群。

什么是用户思维?

用户的入口（人流量），用户的痛点（产品的独特卖点和口碑），用户的情怀（你的粉丝有多少），用户的尖叫（满意不会产生忠诚，只有物超所值才会产生忠诚），如果你能把控好这四点，就是在经营用户，就是在做“互联网+”。

互联网企业的优势是：用户的入口。

传统企业的优势：用户的痛点，用户的情怀，用户的尖叫。

企业转型，要从经营客户转型为经营用户，从经营会员转型为经营粉丝，从经营渠道为王转型经营粉丝为王。

互联网企业如何估值

市盈率估值→用户估值→入口估值→平台估值→价值链估值→生态估值。

十一、新三板的高成长型企业案例分析

未来新三板的企业至少1万家，能够上市的估计有1500家，但是我觉得只有500家值得投资，那么值得投资的这500家新三板企业，一定会产生中国的微软、中国的苹果、中国的星巴克，但问题是你的企业能不能成为这500家企业之一。如果你的企业不能够成为这500家企业之一，那你能不能获得这500家新三板企业的部分股权，将会决定你未来在中国的财富地位。在以下新三板上的十大企业，可以进行互联网改造，改造之后，市盈率会更高。但是如何进行互联网改造呢？在进行互联网改造之前你能拥有它们的股权吗？

1.“古城香业”赚的就是香火钱

烧香拜佛在中国是一件挺常见的事，求财神，拜菩萨……不管佛祖答不答应，香都是要烧的，万一灵验了呢？

传承千年的文化，伴随着一个巨大的产业，吸引无数商家来赚香火钱。新三板挂牌的“古城香业”（股票代码：830837）2014年收入 2.2亿元，利润超6000万元，市值 3亿元（2015年4月28日收盘价）。

烧香就要“佛点头”。

礼佛的传统用香是一门大生意，“古城香业”针对该垂直领域开创了“佛点头”品牌。在 2014 年为公司带来收入 5500 万元。品牌还被评为“河

北著名商标”。产品在全国各地的香烛店热销，根据公司提供的财报显示：

无锡南长区小张香烛店2014年贡献营收504万元。

沈阳鑫老何香蜡批发部2014年贡献营收440万元。

小小香烛店销量竟然这么大，让人看得心痒痒。

2. “南达农业”学生奶是笔大买卖

乳制品行业有像伊利、蒙牛这样的强龙企业，也有很多不为外人所知的地头蛇，比如在南疆风风火火的“南达农业”（股票代码：831567）。2015年4月24日“南达农业”在新三板转为做市交易，当日股价大涨111.5%，下面介绍下这家新疆的乳业公司。

“南达农业”的董事长林乐宣是地地道道的温州人。1988年，19岁来到新疆喀什做起了生意。经营商店、超市、餐饮、装饰装潢，甚至是IT行业。但在1997年，一场意外大火却几乎烧光了他的所有资产。2000 年开始，他开始聚焦乳业。

新疆有一个当地的政策：《新疆维吾尔自治区学生饮用奶计划暂行管理办法》规定：学生饮用奶实行准入制度，所有未取得资格的基地和企业，不得经营学生饮用奶。“南达农业”在这里找到了大商机。2014年学生奶业务收入高达4750万元，占总营业收入近50%。新疆喀什各地的教育局成了“南达农业”的大客户：

叶城县教育局采购学生奶 1905 万元。

伽师县教育局采购学生奶 1273 万元。

莎车县教育局采购学生奶 978 万元（根据 2013年的财报）。

生产学生奶的原材料是生鲜乳，“南达农业”目前自有牧场原料奶仅满足约40%的生产需求，其余60%的原料奶均依靠新疆生产建设兵团农一师各团场供应。生鲜乳成本占学生奶总成本的86%左右，制造成本约10%，余下4%为直接人工成本。

3. "四维传媒"帮沃尔玛印传单不丢人

"四维传媒"的业务非常简单：为沃尔玛超市、Tesco乐购超市、卜蜂莲花超市、乐天超市、家乐福超市印刷促销广告。

不过传统商业正面临着电子商务的冲击，在"四维传媒"的业绩上得到了很好的体现：最大的客户Tesco乐购超市贡献的收入较上期减少了3300万元，减少幅度为38.63%。主要原因是Tesco 乐购缩减了中国地区业务，关闭了部分门店；与此同时卜蜂莲花的贡献的收入较上期减少了1000万元，减少幅度为34.54%。"四维传媒"官方是这样解释的：这些外资大型连锁超市开始战略性撤退。

为了抵御传统业务的萎缩，"四维传媒"开始了互联网方向的转型：2014年6月自主研发并上线的"Go省"移动互联应用平台，为公司开拓出新的营销传媒模式。手机 APP"Go 省"业务提供促销商品展示，客户在线上支付后，可凭二维码去商家门店领取商品。不过比较悲催的是：2014 年在线业务收入仅为 236 万元。不到总营业收入的1%。

不过为了保障"Go 省"应用的运行，"四维传媒"下了血本研发并建立了平面资讯"云计算"中心，使各种应用系统能够根据需要获取计算力、存储空间和各种软件服务。

2014年营业收入2.4亿，利润近2600万元。以 2015年4月24 日收盘价21.5元计，市值达14亿元（总股本6600万股）。

4. 山东“可恩口腔”一位 VIP 客户看牙花费 16 万元

中国第一家在证券市场上亮相的牙科医疗机构——“可恩口腔”2015年4月24日在新三板转为做市交易，当天股价大涨151.57%。这家仅在山东德州和济南设点的口腔医疗机构，2014年收入超过6400万元，实现全面盈利，利润高达800万元。收入贡献最高的五位患者的姓名和诊疗费用被公布在2014年的年报上：

- 崔晓立 16.7万元；
- 陈成广 16.5万元；
- 马振英 14.9万元；
- 郑丽娟 14.7万元；
- 张小谊 14.7万元。

看到这样的金额，真让人惊呆了，花费16万元来看牙，难道是给镶上玫瑰金的大金牙？

国内口腔连锁机构加快了扩张的速度，拜博、通策医疗和佳美口腔为代表的机构目前在全国正在铺设分院，但目前为止还没有进入山东地区，或还没有进入运营。这给了“可恩口腔”难得的时间窗口。董事长万少华有一个远大的目标：就是在整个山东建立 25 家牙科医疗机构，让可恩口腔覆盖全省每一个地级市。

在万少华看来，可恩口腔制定的目标，根基扎在了国内巨大的口腔医疗市场需求之上。据统计，以最常见的口腔疾病龋齿来说，中国人的龋齿数量已经超过了25亿颗，但是当前的诊疗能力，治疗完这25亿颗牙齿至少需要两个世纪。悬殊的数字背后，是一个数量庞大的消费市场。有着多年从业经验的万少华不会眼看着机会从身边溜走。

2006年7月5日，万少华成立了人和口腔诊所。对于口腔医疗行业而言，“技术+服务”就是决定成败的关键。为了握住这个行业核心，万少华从北京请来了国内知名的牙科专家，重新架构了一套完整的牙科诊疗系统，将过去笼统的牙科诊疗细化为一个个独立的单元，并分别加以精耕细作，真正满足了不同就医者的差异化需求，让德州许多做了一辈子口腔诊疗的行家都赞叹不已。人和口腔凭借精湛的医疗技术、尖端的诊疗设备以及贴心周到的服务，迅速成长为德州口腔医疗行业的标杆。

随后，万少华的事业几乎一年一个新台阶。2007年9月，人和口腔诊所更名为“人和口腔医院”，实现了从门诊到医院的华丽转身；2008年10月，人和口腔医院“升格”为德州口腔医院，一举改写了德州没有口腔专科医院的历史；2009年12月，德州口腔医院搬进总面积达2500 平方米的综合大楼，发展成为集医疗、教研、预防保健为一体的现代化口腔医院；2011年11月，德州口腔医院又顺利通过了二级专科医院的审批，注册了德州可恩口腔医院有限公司，德州口腔由原来的个体工商户转为有限公司，医院步入了一个崭新的发展阶段。

可恩口腔对外扩张采取了两种方式。一种是建设高档口腔会所，着眼于国际化诊疗方式，技术与设备从国外进口，连会所负责人都是由国外聘请，这种方式不但直接促进了可恩口腔的业绩，同时也在高端人群中做了品牌传播。

另一种是建设一大批普通的口腔医院。这一扩张方式主要挖掘低端但是数量庞大的消费市场，以满足不同群体的就医需求。

5. “有友食品”泡椒凤爪也会有春天

很多人喜欢吃泡椒凤爪，酸辣劲爽的味道，吃起来超过瘾。但估计都不知道：在超市里常能看到的有友泡凤爪，竟然出自一家新三板挂牌公司“有友食品”（股票代码：831377），市值35亿元。谁能料到，泡凤爪的竟然这么挣钱……

国内生产泡椒凤爪的企业有600家，“有友食品”是这个独特品类的开创者。将一个不起眼的餐桌食品做成规模领先的工业化产品，并由此开创了一个行业——泡卤行业。“有友食品”2014年销售泡椒凤爪6.4亿元，为公司贡献了七成的销售收入，占全国同类产品销量的20%以上，可以称得上是“泡椒凤爪界”的小米。“有友食品”2014年净利润超1.1亿元。

“有友食品”成立于2007年5月。处于休闲食品行业中的一个细分产业，形成以泡椒凤爪、卤香火鸡翅等肉制品为主，豆干、花生、竹笋等非肉制品为辅的泡卤风味休闲食品系列。

同时“有友食品”也是细分市场全国营销网络布局最早、最广的企业，设有西南、华东、华中、北方、西北和华南六大区以及包括北京、上海、广州、深圳等十三个办事处，经销商总量已超过800家，销售网络涵盖除港澳台以外的中国所有区域。

黑暗料理的质疑

“有友食品”2014年实现收入8.7亿元，同比下降10%，收入下降是由多方面造成的：一方面是受2014年宏观经济放缓影响，市场竞争加剧；另一方面是媒体频繁出现对泡凤爪的健康和安全性质疑的负面报道，导致吃货们购买频率下降。

禽流感病毒的频发也对“有友食品”销售额产生不利影响。虽然该病毒主要在禽类间传播，目前尚未有感染人的确切证据，不过一些意志不坚定的吃货担心吃泡椒凤爪也会感染禽流感，这对业绩也造成了一定影响。

6. “瑞铃企管”把日本精益生产方式卖给中小工厂

提起管理咨询，很多人想到的一定是麦肯锡、波士顿咨询这些如雷贯耳的名字。新三板挂牌公司“瑞铃企管”也是一家为客户提供管理咨询的公司。不过“瑞铃企管”更加专注，只为从事制造业的企业提供精益生产（即日本丰田生产方式 TPS）辅导，并通过系统导入精益生产的全套解决方案，帮工厂提高生产效率，降低成本。

2015年1月8日“瑞铃企管”在新三板挂牌。仅在3月协议成交 40万股，成交价为每股1.5元。2015年4月22日“瑞铃企管”转为做市交易，当天大涨936.67%，以收盘价15.55 元记，市值1.5亿元。

精益生产来源于日本丰田，在丰田式管理中还有很多隐藏着的内涵，可以用以下四条规则来总结，每一条都有其独特的特点，在生产过程中起着重要的作用。这四条规则如下：

- 所有工作的内容、次序、时间和结果都必须明确规定。
- 每一种“客户—供应商”关系都必须是直接的，发送要求和得到回应的方式必须明确无误，非“是”即“否”。
- 每一种产品和服务的流转路线都必须简单而直接。
- 所有的改进都必须在老师的指导下，按照科学的方法，在尽可能低的组织层面上进行。

这四条规则要求，企业的各种作业、衔接和流程路线必须能够进行自我检测，以自动发出问题警示。正是由于不断地对问题做出响应，看似僵化的体系才得以保持柔性，能够灵活适应不断变化的环境。

7. 为农夫山泉提供水生产设备的“普滤得”

“我们不生产水，我们只是大自然的搬运工！”——这是农夫山泉经典到爆的广告。你看到这条广告时想到了什么呢？真的相信农夫的水是纯天然的吗？呵呵，不管你信不信，反正我是信了。

2000年时，农夫山泉宣布停止生产纯净水，转而生产天然水，给出的原因是“纯净水对健康无益”，因为缺少人体必需的矿物质。

虽然理由很牵强，但是信的人多啊。凭借着强大广告营销，农夫出人意料地以一个“背叛者”的姿态悍然上位，从此一直雄踞于饮料行业前三甲。这时农夫的“天然”概念渐渐开始深入人心。

视频中反复提及水源地建厂、水源地灌装……强调“我们不生产水”。好吧！看看下面这家水过滤净化公司的客户名单吧。

新三板挂牌的“普滤得”主要从事饮用水净化设备，农夫山泉在这家公司采购超滤系统和核心膜组件。并广泛使用在长白山、峨眉山、丹江口、千岛湖、万绿湖等厂区。2014 年“普滤得”水净化处理系统最大的客户正是农夫山泉。

“普滤得”是这样介绍超滤系统（MUF）的，MUF中的膜组件是带内支撑的中空纤维 PVDF（聚偏氟乙烯）增强膜丝封装而成，具备极高的机械强度的同时，具有较高的水渗透性。“普滤得”中空纤维膜组件具有高强度、长使用寿命、易组装、小污染积聚、清洗恢复彻底、零药剂消耗、安全性完备、出水品质好和运行稳定等特点。

据最新财报显示统一、昆仑山等瓶装水企业都由“普滤得”提供水净化处理系统。2014年公司收入超过7000万元，净利润达850万元。以 2015年4月21日收盘价计，公司市值逼近130亿。

所以明白了吗，大家其实都差不多，一块钱的统一和两块钱的农夫是一样的机器生产出来的，"天然水"只不过是忽悠大家玩儿的。

8. 微信营销公司"点点客"股价创新高，市值突破 50 亿元

"点点客"2012年12月18日在新三板挂牌，股票代码430177。今年股价屡创性高，成为新三板上最耀眼的神股票之一。以2015年4月13日收盘价80.4元计，公司市值突破50亿元。

挂牌初期，"点点客"是一家典型的广告短信通道，地产商是主要客户，利用中国电信廉价的短信端口帮助客户群发广告。2013年收入3500万凶，利润900万元。几乎所有收入来至群发广告业务（公司给业务取了个漂亮的名字——企业移动通信）。

然而一场巨大的变革正悄然降临，2013年1月，诞生刚满两年的微信首次突破三亿用户。微信的兴起给短信带来了巨大的冲击。

2013年"点点客"开始将触角伸向微信等社交广告，为企业客户提供微信营销软件、代运营，定制开发等服务；同时还提供微信打印机、微信Wifi等商户硬件产品。帮助客户从传统渠道向微信渠道的迁移。

CEO黄梦敏锐地发现社会化营销、移动CRM这些快速增长的领域，"点点客"试图在这些领域里卡位。2015年1月18日，"点点客"以8000万元估值收购杭州微巴信息。其中现金支付2163万元，余下的以股份方式支付。继续扩大了在微信营销领域的版图。

微巴信息成立于2012年，旗下"微信生意宝"在全球范围内拥有1500多家代理商，9000多名从业伙伴，服务了10多万家商户，其中包括盾安集团、银泰百货集团、宝马、奥迪、沃尔沃、大众、凯迪拉克、奔驰、万科、绿

城、红星美凯龙、海尔、中国移动、万事利集团、广厦集团等全国知名企业。是国内具有影响力的微信第三方开发商。收购后，微巴信息将成为“点点客”的全资子公司，协同在未来微信平台上继续开拓。

“点点客”CEO黄梦说：未来社群经济是一个很大的亮点。社群经济或社会化电商，将是一个颠覆性的形态，目前数据增长也很可观。虽然还没有最终确定的形态，但“点点客”将积极介入到此领域的运营环节，开辟公司的第二战场。

9. 市值 44 亿的“中搜网络”

“中搜网络”绝对是中国互联网行业的异类，这家号称拥有第三代搜索技术的公司，2013年在新三板挂牌。以2015年4月9日收盘价计，“中搜网络”市值超44亿元，成为新三板市值最高的互联网公司。

在国内的搜索引擎领域，百度几乎成为搜索代名词，小型的搜索引擎是否还有生存的土壤？“中搜网络”用接近2亿元的年营业收入宣示着自己的存在。至于“中搜网络”有何独特的商业模式和经营之道，各位看官可以自己慢慢探究。

“中搜网络”创立不久后，为实现搜索业务境外上市，在开曼群岛设立了ChinaSearch Inc.（CSI）。境外红筹架构主要是以CSI控股国内的中外合资企业中搜软件，并通过中搜软件协议控制中搜有限和中搜信息，以实现境外上市的目的。

2009年“中搜网络”CEO陈沛做出一个重大的决定：放弃境外上市计划并回归国内A股创业板上市，因此决定解散红筹架构，并将中搜有限确定为国内A股上市主体，同意享有CSI红筹架构权益的各股东可以以增资或股权转让的方式持有境内上市主体的股权。随后CSI红筹架构和中搜软件陆续启动注销程序。

2011年8月，"中搜网络"正式整体改制成为股份公司，其回归A股的雏形初现。根据国内的IPO规则，要想上市，股份公司的存续要满三年，且满足连续盈利的条件。这对于互联网公司而言，并不容易。为了登陆资本市场，"中搜网络"在2011年至2013年做到了三年盈利。正在其准备递交上市申请时，国内IPO暂停，大量拟上市企业排队，形成"堰塞湖"。

如果通过正常排队途径上市，中搜网络的上市之路依旧遥遥无期。而对于急需资金的"中搜网络"来说，时间成本几乎不能承受。2013 年年中，负责"中搜网络"上市的保荐券商——中信建投证券建议陈沛将计划由创业板上市改为去新三板挂牌。

挂牌后"中搜网络"受到投资者追捧。2014年全年成交额高达 3.56亿元，位列新三板第三名；继2014年5月成功定增融资1亿元后，11月"中搜网络"又定增2.2亿元，认购金额高达7.28亿元。CEO 陈沛这样说："如果不上新三板，而是苦等创业板，那就意味着中搜还被绑架在财务报表上。为了财务指标，我们必须要放弃战略目标。为了目前的盈利，你要一直在老路上奔跑，不能转型。如果上新三板，这个问题就迎刃而解，因为没有严苛的盈利指标考核在逼你。"

挂牌新三板后"中搜网络"股价连续翻番，市值更超过44亿元。或许"中搜网络"就是一个象征，呼唤那些在国外资本市场上挣扎的中小型互联网公司加快回归的步伐。

10. 美股上市公司子公司“合全药业”霸气登陆新三板

新三板挂牌公司“合全药业”股票代码832159系纽交所上市公司药明康德（美股股票代码：WX）子公司，“合全药业”是国内制药工艺研发领域顶尖企业。2013年营业收入8.8亿元，净利润1.7亿元；2014年 1 ~ 7月营业收入5.5亿元，净利润1.1亿元。

“合全药业”是一家以研究为导向、以客户为中心的企业，已快速成长为制药工艺研发领域的领先者之一。公司致力于全球制药工艺的技术创新及商业化应用，为国际主流医药企业提供创新药研发生产外包服务，服务范围主要涵盖了新药临床阶段工艺研发及制备、上市药物商业化阶段的工艺优化及规模化生产，为客户提供了一个一体化的开放式技术平台。

第二章
新商业模式的典型类型与定位

一、传统经营模式的误区

传统的战略理论是："我不如别人时，一定要做得比别人更好。"

我们从小接受的教育是：我成绩不如别人的时候，我一定要更加努力，在别人玩耍的时候，就是我超过别人的时候。但是做企业没有这么简单，"只要你努力，只要你勤奋，世上无难事，只怕有心人，你就会如何如何……"这样的说法对做企业却未必实用。

比如，企业为了提高服务质量，追求六西格玛品质管理（每100万个产品中仅出现三四个品质不好的）或者克劳士比的质量管理；加强执行力和团队精神，组建学习型组织，创造企业文化，深入细节化管理，等等。这些都是为了做得更好，这些都有用，但不会有太大的作用。真正有作用的是与众不同的定位。做得比别人更好就意味着去做追随者，而我讲的打造核心竞争力，就是一定要做领导者。

传统战略就是发现消费者的需求，然后提供比竞争对手更优质的产品、更便宜的服务来满足消费者的要求。他们没有把注意力集中在成为第一或在差异化的基础上创造一个类别成为第一，这就是他们落伍的原因。

那么，质量完善的产品是否就是好产品呢？高档的产品是否就是好产品呢？高科技的产品是否就是好产品呢？

在许多企业家的头脑中另一个根深蒂固的观点是：更优质的产品才是核心竞争力。他们想法的背后是“事实会检验一切”、“是金子在哪里都会发光”。换句话说，如果你拥有优质产品，只需寻找一家优秀的广告代理商，让广告代理商来完成产品与顾客的沟通就行了。

这是愚蠢的做法。广告和促销绝不会那么容易动摇消费者已经形成的印象。在今天的市场营销战略中，你所做的唯一白费力气的事，就是企图改变人的印象。印象一旦形成，几乎是很难改变的。

因为企业过去的历史会对现在的产品形象产生影响，并会在消费者心目中形成一个固有的模式，这个模式一旦形成，就不会轻易改变。

人们的观念一旦形成，要想再改变就很难。人们总是相信自己愿意相信的东西，人们也总是去品尝自己愿意品尝的东西。

下面以几个实例来说明。

1. 摩托罗拉

摩托罗拉全力追求六西格玛品质。但是再完美的品质表现也无助于摩托罗拉发展电脑事业。1985年，摩托罗拉推出一系列个人电脑，可是销售量很差，不过质量真的不错。1990年，工作站计划无疾而终。1992年尝试大型主机电脑业务，亦不见成果。1994年，摩托罗拉宣称有意建立一个广泛的桌上型电脑系统，但后来的情况也不好。因为做得更好是个陷阱。

摩托罗拉是全球最领先的“全面质量”管理的楷模，执行六西格玛精确质量控制，生产、管理中每100万个中仅有三四个失误，这种质量控制体系已经非常苛刻了。但所有对质量的重视，都无法阻挡诺基亚对其手机业务的抢夺。产品线相对单一的诺基亚，凭借专注的形象，成功瓦解了摩托罗拉手机的领先优势和质量优势，成为全球手机销量最大的品牌。

摩托罗拉的品质真的不如诺基亚吗？20世纪90年代不是这样的。但是，现在身边的朋友，基本上都这么认为了。品质成了消费者对领导品牌的犒赏；品质，也只属于领先品牌。

2. TCL

国产家电品牌在20世纪90年代开始了风风火火的“学习标杆”运动。TCL当时提出了要做“中国的三星”的目标，但经过这么多年来的模仿式学习，TCL依然是TCL，没有成为第二个三星，反而在最近的彩电销售排行榜上跌落出前五名。

同样，在跨国管理咨询公司的“教导”下的其他国产家电品牌，曾经也在“学习标杆”运动中，看同样的书、做同样的事。十几年后，并没有一家企业脱颖而出，反而品牌之间的区别变得更模糊了。品质战略，并没有救中国家电企业一把。

3. 奥迪

奥迪曾经做过一个广告，为了证明自己汽车的品质和性能的卓越，本能地将自己的车与奔驰、宝马进行比较，用德国汽车专家的话说：奥迪车的品质和性能要优于奔驰和宝马。谁会相信呢？消费者不相信，市场也不相信。

4. 阿玛尼服装

有一个衣服牌子叫作阿玛尼，这几年在国内慢慢火起来了。阿玛尼是意大利的首席设计师，这个人出场只穿黑色，从来不穿第二种颜色，他的头发是银灰色的，从来不打领带，这也是他在服装设计界形象的自我定位。

阿玛尼本是建筑设计师，但是他怎么成为意大利最顶尖的服装设计师了呢？因为他知道品质是需要顾客认定的。顾客如何认定衣服是名牌？很简单，名牌当然就是名人穿的！所以阿玛尼每天都在设计衣服吗？不是的。阿玛尼每天都在自己的山庄开晚宴，每天花很多钱请电影明星到他的山庄来，然后告诉他们奥斯卡金像奖颁奖典礼我免费赞助你，莱昂纳多、汤姆·汉克斯、汤姆·克鲁斯、茱莉亚·罗伯茨、理察·基尔、史泰龙都在穿阿玛尼的服装，然后杂志、电视都在转播，所有的好莱坞明星100个有75个都穿阿玛尼，这样就使其成为世界第一名牌的服装。

所以只要你的产品品质能够达到中上层，你就可以想办法塑造出它最好的价值来。

5. 沃尔沃

沃尔沃是非常安全的汽车。在消费者心中，沃尔沃就是“安全”的代名词。只要你抓住了消费者心中的这个字眼，就没有人可以偷走，哪怕事实上并不是最“安全”的。

本田公司做了很多市场营销活动来强调他们汽车的安全性；丰田也有

很多广告是针对"安全"的；尼桑宣称是五星级安全性的汽车，大量的安全测试结果也证明它的安全性最好；此外奔驰也做了类似的工作；福特也一样，它被评为美国最安全的汽车。但是，在人们的心目中，沃尔沃还是最安全的。

实际上，车型的安全测试结果根本就不重要，关键是它是否抓住了人们心中"安全"这个字眼。安全车没有评上，这根本不重要，消费者一想到沃尔沃就想到了"安全"，它已经占据了消费者的心。

如何让顾客信服你的产品比领导品牌更好？

如果你制造出更优质的手表，那么你如何说服消费者，认为你的手表比劳力士更好？

如果你生产出更好的可乐，你如何说服消费者，认为你的可乐比可口可乐更好喝？

如果你再去生产一种更安全的汽车，你如何说服消费者，认为你的汽车比沃尔沃更安全？

如果你研究出更好的管理理论，你如何说服学者们，认为你的研究比彼得·德鲁克更深入？

不是不可能，是不太可能！而且业界也没有这样的先例。

不以品质为重，但是不等于一点都不在乎品质的质量。很多人会说，一流品牌的品质非常不错。但是，市场上的第一品牌、第二品牌、第三品牌的品质可能都差不多。记住：当品质一定的时候，品牌就决定了一切。

大家千万不要误会，提高品质绝对是正确的事情，每个企业都应该以最好的品质呈现出产品和服务。

但是，建立产品品质和建立对品质的印象是完全不同的两回事。因此要想成为第一品牌，你首先必须拥有一流的品质，这个品质只需要是行业中前五名或前十名的平均值。

这个世界上为什么有这么多才华横溢的失败者？为什么很多才能平平的人却能取得辉煌成就？很多产品质量上乘的企业没有生存下来，或者经营惨淡，处境艰难；而一些产品或服务质量较次的企业却做得很大，如鱼得水，甚至成了行业老大。

不要怨老天爷不公平，首先要改变你的观念，正确的战略才是关键。

战略就像数学，高级的战略就像高等数学。升级到高等数学之后，不再需要管每一个细节，重要的是观念（微分里面几乎用不到数字）。战略也是这样。在策略性比较高的产业中，战略本身就是观念的竞争，而不是细节的竞争。

鹰要想飞得远，首先必须要飞得高，这叫作大处要壮阔。我们要有目标，要有高度，没有高度就飞不远；但同时仅仅有高度是不够的，还要求鹰能够飞得足够低，才能抓到东西吃，这叫作小处要锋利。不顶天走不远，不立地走不动。

因此打造核心竞争力及创新商业模式，最需要的是远见，搞战略最需要的是改变自己的观念。

二、什么才是真正的商业模式

什么是经营模式？什么是商业模式？打仗的时候，商业模式是坦克，经营模式是官兵。官兵再厉害，没有用，消灭敌人关键还是要靠武器、靠坦克。经营模式包括打造品牌、财务管理、营销策划、人力资源、企业战略，但这些加起来只占30%，而商业模式却占了70%。

我们都知道，"现代管理学之父"彼得·德鲁克说了一句话，他说，未来企业的竞争是商业模式的竞争。他发现企业的很多问题，靠经营模式根本就无法解决，必须要靠商业模式。

现在很多专家讲的商业模式都属于伪商业模式，比如王老吉的模式、星巴克的模式、宝马的模式，这些企业能够成功，都是在创意上找到了一个新的市场。

那么什么才是真正的商业模式呢？这里举一个例子来说明大家便可以理解了。

【案例一】中国奥运代表队改革后的商业模式，夺得51块金牌的真相

中国奥运代表队，以前学的都是"苏联模式"，所以成绩一直不太理想，后来改为学"美国模式"，结果很快就不一样了。

首先是数百家"地方少年体校"，先在学校、农村和社区发现好苗子，引入推荐机制，然后成绩好的送入"省市体校"进行训练，其中的佼佼者，再进入"国家级体校"训练。

运动员成名后，就可以获得巨大的商业利益，如拍摄广告、出席各种商业活动等。这些收入通常会被分成。

比如刘翔的广告收入分配，参照国家体育总局的分配政策，运动员占50%，教练员拿15%，培养运动员的地方体育局占20%，中国田协留15%。

这样的模式，使中国竞技体育高手不断。教练、运动员、地方体育局都有了积极性，整条利益链都活了。对我们来讲，叫作商业模式的创新，对国家体育总局来讲，叫作体制的创新。

【案例二】蒙牛起家时的商业模式

蒙牛有四个大：太阳光大，父母恩大，君子量大，小人气大。

蒙牛有四个98%：品牌的98%是文化，经营的98%是人性，资源的98%是整合，矛盾的98%是误会。

蒙牛的文化：大胜靠德，大智靠学，大牌靠创。

蒙牛的用人理念：有德有才，破格重用；有德无才，培养使用；有才无德，限制录用；无德无才，坚决不用。

蒙牛的商业模式：蒙牛一头牛也不养，政府出面，农民到信用社贷款买牛，用蒙牛品牌做担保，所有农民生产出来的牛奶蒙牛包销。这样北方300万农民都在为蒙牛养牛，这至少能养300万头牛啊。所以蒙牛和伊利不一样，伊利养牛，但是蒙牛不养牛。不养牛的比养牛的赚得还多。

【案例三】古罗马繁荣昌盛的模式

西方有一个国家，它的整个历史持续了1200年的时间，这个国家叫作古罗马。古罗马有一个将近700年的持续上升期。学历史的人都知道，要想了解今天的西方社会，要想了解美国人是怎么做事的，你就一定要了解古罗马。

古罗马之所以兴盛，主要有两个原因。第一，古罗马的军队特别能打仗，打败波斯，打败希腊，打败马其顿。35000人就打败了整个波斯王朝100万军队。为什么会这么强？其实古罗马士兵的战术能力并不是十分突出，但士气特别旺盛，为什么？

古罗马的士兵都是古罗马的平民，如果打仗胜利，他们就可以获得大量的奴隶，如果失败，他们就会沦为奴隶。也就是打胜仗，成为奴隶主，打败仗，成为奴隶。所以很多平民为了改变他和他家族的命运，拼命地去打仗。而希腊、波斯、马其顿，他们的军队没有这样的模式，也就是吃大锅饭，打赢打败都一样。这就是为什么古罗马军队这么强大的原因。

中国秦朝也是一样的。秦始皇统一天下，靠的是什么，靠的也是这样一种制度、一种模式，而不单纯是远交近攻、国富民强的原因。

第二，古罗马通过打仗来解决内部的问题，他通过打胜仗，获得很多奴隶，然后又把这些奴隶拿到其他地方去贩卖，从中赚钱，结果战争成了他们的一种生产方式。美国现在也是一样，打阿富汗，打伊拉克，都是为了国内。三国时期的蜀国当年也是一样，诸葛亮六出祁山，他明知道不一定打赢，但还要去，其实就是以战养战，以此来解决国家内部的问题。

这就是模式的不一样。

【案例四】一本高端杂志全新的商业模式

《创富志》是一家深圳的杂志，发行量尚不足10万份，是一个典型的高端商业杂志。

所谓高端杂志，通常是卖杂志不赚钱，而希望靠卖广告赚钱。所以发行量到一定水平后，印刷量增加就变成额外成本。如果广告收入不能同比例增加，利润就薄了。

这个模式的问题出在哪里？是思路。他把赚钱的重点放在了广告上，把发行变成了广告的手段。《创富志》的模式，反其道而行之：要让发行成为赚钱的重点，而把广告变成手段！

他们是怎么做的？其实非常简单：广告客户刊登广告后，就会获得与广告费相同金额的杂志。他们可以在这些杂志上，做“个性化广告”！也就是额外装订一个小册子，每一本都可以做到不一样。这样就可以对不同地域、不同特点的客户，采取一对一的推广策略。

然后《创富志》把杂志送给潜在客户（也就是广告客户的客户），广告客户最关心谁？肯定是他的客户！如果能够把握客户的客户，那就相当于把握了客户。这叫作高兴着客户的高兴，悲伤着客户的悲伤，先客户之忧而忧，后客户之乐而乐。

举个例子，如果你做10万元广告，就能获得417份12期的杂志（杂志一年订阅价240元，10万元除以240元约等于417）。

最后，此后一年，417个重要客户都会收到以你的名义赠阅的《创富志》（印在封面上）。他们每拿起杂志就会看到你的名字，在广告页上读到你的个性化介绍。经过一年时间的潜移默化，客户最终掏钱买你产品的概率大大增加。这样，广告客户也多了，读者也多了，广告价值就越大。

这种模式有个前提，就是杂志必须好看，否则广告会和杂志一起被扔进垃圾筒。

【案例五】唱片行业的商业模式

在唱片行业，出唱片是个赔钱的活儿。每张唱片的成本，包括拍摄MV需要100万元，一般音乐内容提供商一年出10张就要花1000万元，而市场销售只能回收200多万元。从传统唱片工业的角度来看，这是一个没法做的生意。好在手机无线音乐、艺人演出可以回收。也就是说，卖唱片根本就不赚钱，但是可以靠附加价值来赚钱，比如手机下载、商业演出、音乐选秀、演唱会等项目赚钱。

作为一家音乐内容提供商，传统唱片收入的比例几乎没有。在“超女”制造者天娱传媒的营业收入表中，艺人经纪的收入占据了50%左右的份额，如果包括综艺节目和演唱会等项目，则可达到60%~70%的比例。这家公司通过音乐选秀，而不靠唱片这样的直接产品获取利润。

商业演出的市场规模更加不可小视。演出公司逐渐取代政府成为娱乐的供应商，各种层次和级别的演出服务供不应求，上到国家庆典下到企业年会，以及各种城市推广活动，甚至乡镇一级的运动会。一般情况下，每次商业演出报价以3首歌为单位，一线歌手可以达到20万元/次，大部分歌手在10万~20万元之间。

也就是说，目前的音乐提供商都不是靠卖唱片赚钱，而是靠其他的“加码”模式赚钱。

三、商业模式成功的前提，选对人胜过做对事

【案例一】刘邦封一人而安天下，用君子也要用小人

梁山好汉108将里面既有英雄，又有狗熊；既有君子，又有小人；既有好汉，也有混蛋。庸人和小人要不要用？“白日鼠”白胜的人品一般，水平一般，能力一般，既是一个庸人，更是一个小人，因为他出卖晁盖，但后来晁盖还是把他纳进了梁山队伍。这样就存在一个问题，这种小人，英雄的队伍里面该不该要？

我们中国人的传统是亲贤臣，远小人；亲贤远小，亲贤治小。小人有小人的作用，君子做不了小人事。

所以说做大事者，用君子叫作人品，用小人叫作水平。既能用君子，又能用小人，这样的人才能成就大器。队伍就是这样，需要多样化的队伍。

做天下大事，既要用君子，也要用小人，既要用能人，也要用庸人。

刘邦定了天下之后，有一天在宫里休息，结果发现有一群人聚集在外面开会。

公司老板最怕什么？公司副总、中层干部一起开全体大会，唯独没有通知一把手。

所以大家务必记住，凡是大会参与员工人数超过总数的1/3以上，一定要通知一把手，哪怕是计划生育的会。

后来刘邦就问张良，这些人在干吗啊？张良说这些人可能会谋反。刘邦腿都吓软了，说现在项羽已灭，大家好日子都来了，怎么会谋反？张良说，好日子是你的好日子，是你们老刘家的好日子，皇亲国戚你都封了，但是这些跟你出生入死的人，什么都没得到，心里不平，所以大家要谋反。刘邦说，他们敢谋反，我就杀杀杀。后来张良说，主公，这些人你杀不完啊！你要动手，人家比你先动手。刘邦说要不这样，我现在就打开国库，我任命，人人我都任命。张良说，主公，来不及了，人太多，实情危急。

我们先不说张良出的这个计策如何，我们先说张良挤兑领导的策略非常有效，这也不行，那也不行。最后刘邦说，那你说怎么办？张良说，我有一招，可以简简单单地解决问题。

“主公只需要封一个人，叫作雍齿。”刘邦马上急了，说，我还没找他算账呢，这种人绝对不能封。刘邦恨雍齿是因为他是个势利小人，吃里爬外，首鼠两端。雍齿以前跟着刘邦，后来发现刘邦不行了，看着魏王厉害就跟着魏王，看着项羽厉害就跟着项羽，后来还是回去投降刘邦。所以刘邦恨他，觉得雍齿是小人，一旦天下定了，就准备把他杀了。

张良说，只要封这个人，天下就安定了。连你最恨的人都封了，大家心里就踏实了，这叫作封一人而安天下。最后刘邦封雍齿为什邡侯。

团队里一般有三种人。孙悟空吃的什么饭？本事饭。吃本事饭的人是可以拍桌子、发脾气的，有本事的人发脾气那叫作个性，没本事的人发脾气，那叫找死。猪八戒吃的什么饭？感情饭。师父看着顺眼。沙和尚吃的什么饭？态度饭。讲本事不如大师兄，讲感情不如二师兄，干脏活、累活。

但是我们团队里面很多人只有沙和尚一样的本事，却妄想过孙悟空一样的生活，这叫角色错位。

孙悟空一句话概括：本事是硬道理。

猪八戒一句话概括：关系是第一生产力。

沙和尚一句话概括：态度决定一切。

话又说回来，孙悟空最大的本事是什么？很多人说是七十二般变化，其实都不是，孙悟空最大的本事是能请动天上所有的神仙。每个神仙都要买他的账，而且现场办公，效率非常高，所以西游记的成功其实是外交手段的成功。

【案例二】 爱而知其短，恨而用其长

李世民时代，魏征临终之前告诉李世民，爱而知其短，恨而用其长。也就是说，陛下，一个大臣您再爱他，也要知道他的短处，一个大臣您再恨他，也要知道他的长处。

齐桓公被管仲射箭射伤过，但是还是用了他：因为他听了鲍叔牙的话，鲍叔牙推荐管仲，此人是不可多得的人才。但是管仲因操劳国事导致身体每况愈下，后来就去世了。管仲去世之前，齐桓公还是想用鲍叔牙，就去征求管仲的意见，说把国家大事交给鲍叔牙，行否？没想到管仲说，绝对不行。

齐桓公就说，你这就不对了，当初不是鲍叔牙推荐你，你能成就今天的丰功伟业吗？管仲说，对鲍叔牙，我很尊敬，但仅仅只是尊敬而已，因为鲍叔牙这个人疾恶如仇，眼睛里不容沙子，稍微有点问题的人他都不能容忍，这样的人不能做宰相。

可惜齐桓公没听，一个春秋五霸之首的齐桓公最后为什么败得很惨？很简单，用人不当。因为齐桓公只做到了恨而用其长，没有做到爱而知其短。

【案例三】不要让沉默的人寂寞，不要让伯乐不快乐

长江后浪推前浪，前浪要让，后浪才能上。

齐桓公手下有个千里马叫管仲，管仲辅佐齐桓公，九合诸侯，称霸中原，功勋卓越。但每次管仲取得业绩以后，齐桓公第一个奖励的不是管仲，而是管仲的老师；第二个奖励人力资源部发现和推荐管仲的那个人，谢谢你为国家培养了人才，第三才奖励管仲。于是所有齐国的人都知道，如果我当不了千里马，没关系，咱们当伯乐发现千里马，一样有好处，一样有未来，于是齐国人才辈出，称霸天下。

我们中国人讲，为什么千里马常有，而伯乐不常有？那是因为伯乐不快乐。所有人和媒体都把眼光盯到千里马身上了，没有人去关心发现千里马的这个伯乐是谁。我们永远不要让发现千里马的人吃亏，这样国家才能兴旺。

不要让伯乐不快乐。先有伯乐，后有千里马，千里马常有，伯乐不常有，伯乐推荐了人才，大家都去表扬人才，忽略了伯乐，伯乐什么都

没有得到。那伯乐怎么想？我干吗推荐千里马，我推荐个听话的就行了。所以企业里面要引进人才推荐机制，只要干得好，就奖励推荐人，每年干得好，每年都奖励推荐人。干得不好，就惩罚推荐人，这样大家都任人唯贤了。

汉朝开国谁的功劳最大？萧何。为什么？不是他镇国家、抚百姓有大功，而是他首先推荐了韩信。

【案例四】 用人所长，叫智慧；用人所短，叫大智慧

我们传统的用人理念是：用人所长，天下无不可用之人；用人所短，天下无可用之人；用人所长，必容人所短。

北宋年间，辽国摆了天门阵，宋军破不了，最后选了穆桂英，只有穆桂英可以打破天门阵，横扫北国。

而当年的穆桂英只有二十多岁，大宋朝怎么就敢把国家的命运交给一个黄毛小丫头呢？这岂不是太危险了。

当时选中穆桂英，完全是三关大帅杨六郎的高明。为什么要选穆桂英呢？首先天门阵有毒气，而这种毒气当时只有穆桂英家族的降龙木才能克制住，这叫关键资源的独特性，所以我们用一个人，不完全要用他的能力和学历，他的资源也是很重要的。

其次，天门阵108关变化多端，虽然大宋朝名将辈出，且这些名将自身武功高强，但是对于阵法都不是很精通。穆桂英虽然年轻，但是很懂得阵法，有家族的传承。

这两条关键要素具备了，但是穆桂英是土匪，目的是要造反，反贪官，杀皇帝，所以杨六郎当时面临的问题就是，如果要用穆桂英就必须招降她，就必须知道她的核心需求。

所以杨六郎就开始琢磨，穆桂英这个小女孩有什么特殊需求没有被满足。穆桂英3岁进深山，一呆18年，长得如花似玉，她最基本的需求是什么？就是特别需要找一个男朋友。

杨六郎马上就想到了自己的帅哥儿子杨宗保，结果派杨宗保去巡山，而杨六郎非常清楚杨宗保武功很差，意志力也非常不坚定。

所以能用一个干部的优点推动工作，那叫水平，叫智慧；能用一个干部的缺点同样推动工作，那叫作超水平，叫大智慧。

结果杨宗保不到三招就被穆桂英活捉了，而且意志极其不坚定，太阳还没落山，两人就洞房了。

探马回来报杨六郎说，杨宗保被活捉了。可是第二天杨宗保却骑着马回来了。最后问他怎么回事儿，杨宗保就和盘托出。最后杨六郎决定斩杨宗保，临阵招亲，死罪。这件事情传到穆桂英耳朵里，马上穆桂英就来求情了。

这个时候杨六郎就开出条件了，要穆桂英家的降龙木，而且必须破掉天门阵，还要立军令状，穆桂英当然全部答应，因为人都已经是杨宗保的了。最后杨六郎说，先结婚，后上战场，最后在盛大的婚礼之后，穆桂英打破天门阵，横扫北国。

谁最高明？杨六郎最高明。用人所长，也能用人所短。

【案例五】用人就是用天赋，没有天赋的专业是无效的专业

比尔·盖茨说，微软有几万名员工，只要少了20个高级干部，微软就跨了。美国微软公司被看作是全球最吸引人才、最有利于人才发展、最留得住人才的公司之一。微软主要依靠公司内部员工的推荐招聘人才，特别

是当公司进入一个新的市场时，微软有将近40%的员工是通过这个途径进入公司的。

比尔·盖茨最大的贡献不是发明了操作系统，而是首先在企业里面使用了期权制度。就是用一个金手铐把那些人才铐住了，现在许多企业都学他。

所以微软说，爱因斯坦是培养不出来的。如果一个领导无法选对人，那么他已经没有资格做领导者；一个球队的教练如果选错了球员，他就没有资格当教练。

选人就是选天赋，好的销售员都是有天赋的。招聘人很重要，不要企图能培养出好的销售员。其实一个人的能力很难复制到另外一个人身上。一个顶尖的运动员是天生的，一个一流的工程师是天生的。

很多人会说，只要公司有一套规定的销售流程，比如说大家都会做一些培训，上面有销售的几大步骤，按规定，一步一步操作，经过这样一轮训练之后，一定会有优秀的销售人员产生。可是非常遗憾的是，经过这样严格的训练，还是有些人做不出业绩，还是有些人业绩非常高。

全世界顶级的天才都不是教育和训练出来的。例如，比尔·盖茨是可以教育出来的吗？赵本山的小品水平是培训出来的吗？

决定一个人是否能从优秀走向卓越，甚至到顶尖，一定是来自于那1%的天赋。而这种天赋是早期就形成的，后天很难培养。

中国很多企业的成功绝大部分都是销售的成功。同一家企业，同样的产品，同样的薪酬设计，同样的考核方式，同样的管理模式，同样的培训流程，不同的人业绩依然会千差万别。

在中国我们花了将近10年的研究，通过8万人的测试，最后得出结论：人和人之所以有差距，最大的区别在于天赋。有些人生下来就适合做销售，但是这样的人毕竟是少数，所以我们的目的就是要去发现、使用这样的人才。

一个人能够卓越，他的决定性因素其实是天赋。世界上没有庸才，只有放错了岗位的人才。所以每个人都有特定的才干，关键是和企业的特定岗位相匹配。

我们经常发现，有些人做某些事总是比别人做得好，这就叫作优势，你天生就适合做这种事，而且比其他人都做得好。

所以选对人，选对有天赋的人，非常关键。通过激励，通过奖罚，有一定的效果，但人是不能够被别人激励的，人只能被自己激励。当你真正适合干一项工作的时候，你无须扬鞭自奋蹄。所以千里马也是一样，你不用打它，它同样跑得很快。但是如果是驴子、骡子，你再怎么打，它也就是这个速度。铁棒才能磨成针，木棒只能磨成牙签。

全世界最顶尖的体育教练做的第一件事情不是去训练，而是去选苗子，去选那些适合的、有天赋的人。要成为优秀的教练，首先是要会选。千里马常有，而伯乐不常有，当好伯乐的第一个秘诀就是选对种子。所以要让企业飞跃增长，要让企业拥有卓越的销售业绩，第一个核心关键，就是选对人。

每个人都有自己的优势，所以，了解自己非常重要。不要去羡慕别人，不要去崇拜别人，相信你自己，找到你自己的优势。

四、人才的资产负债理论

韦尔奇说，如果他能够把通用公司80~100个经理都控制好的话，那基本上就等于控制好了整个企业。

毛泽东说，当政策制定之后，干部就是决定因素。

所以用人、选人非常重要。

现在流行的说法是：

- 一流的企业做文化，做标准；二流的企业做品牌，做资本；三流的企业做项目，做产品。
- 一流的企业家只做人，不做事；二流的企业家先做人，后做事；三流的企业家先做事，后做人。
- 一流的职业经理人只管人，不管事；二流的职业经理人既管人，又管事；三流的职业经理人只管事，不管人。

人有没有用对只有一个标准，就是人才的资产负债理论。把员工拿来一个一个评估，看他是公司的资产还是负债，就是看他帮公司赚钱还是帮公司亏钱，这样一下就看出来了。

道理很简单。我一个人走很快，我背着负债走，会很慢，如果我再背10个人，公司岂不是倒闭了吗？我一个人跑得很快，找个人和我一起跑，就更快了，所以当务之急是找个比你跑得快的人来和你一起跑。

优秀的领导做的第一件事，是把自己公司干部员工的名字全部列出来，看哪些是资产，哪些是负债。用正、负分给员工评分，就能够看到员工对公司的贡献度，看他有没有最后达到你要求的结果。

优秀的领导人都是以结果为导向的。蒋介石的儿子蒋经国有四句名言：不要说没有结果的话，不要做没有结果的事，不要开没有结果的会，不要写没有结果的报告。

邓小平曾经说过，不管白猫、黑猫，抓到老鼠就是好猫，这就是结果导向。中国有句话叫作"成者为王，败者为寇"，也是以结果为导向。

遇到不良员工，给他两个星期的时间，没有改正就开除，假如别人看到表现这样差的员工也可以在公司待下来，他就开始学坏了；假如别人看到表现这样差的员工被开除，他就知道要更加努力了。因为负面力量是正面力量的6倍，一个负面态度的业务员至少可以带坏6个人。

优秀的领导人都以结果为导向的：

- 发传真是任务还是结果？是任务。那什么是结果？客户收到才是结果。
- 足球比赛，踢球是任务，什么是结果？是进球吗？赢球才是结果。
- 乔丹投篮是任务，赢得比赛才是结果。
- 睡觉是做任务，什么才是结果？休息好才是结果。
- 培训是任务，把收获变成措施是结果。
- 开会是任务，针对问题的解决方案才是结果。
- 招聘是任务，什么是结果？招到符合公司需要的人才是结果。
- 拜访顾客是任务，什么是结果？让顾客付钱才是结果。

NBA篮球队采用的是定期淘汰法。5个主将，7个候补。只要有人打得比你好，你就会被淘汰了。即使你是国家代表队的成员，打了十年，很有贡献，只要有人打得比你好，也同样被淘汰。

第三章
新商业模式的运用与创新

一、“消费者 + 股东”模式（适用于所有连锁企业、奢侈品行业）

【案例一】M1NT 股东制富豪俱乐部

1. 与众不同的俱乐部模式

M1NT的创始人叫阿里斯泰尔·帕顿，这是世界上第一个“股东制”的富豪私人俱乐部。其商业模式的特别之处在于：富豪们在会所花钱的同时，也在赚钱。帕顿告诉股东，在俱乐部消费得越多，也就赚得越多——这听上去不可思议。比如2007年，M1NT在香港的俱乐部给他们的股东派发了15%的分红，而股东当年的收入超过75万美元。

当然，对于股东们来说，他们绝不会认为自己消费得越多，就能获得越多的回报。对于股东们来说，M1NT是一个好的商业模式。而对于一些富豪而言，他们更喜欢这样的环境，一流的人才都希望到一流的场所，与一流的人共事。

2003年，帕顿在伦敦开办世界上首家股东制亿万富翁俱乐部。加入M1NT的标准设定为1万英镑左右，他只用了6个月就找到250名股东会员，此外还有体育明星和好莱坞大腕，共筹到50万英镑。俱乐部由股东会员和普通会员组成。帕顿规定，股东会员和普通会员的比例不超过1：4。股东会员可以享受分红；而普通会员则要缴纳会费，不能享受会所的分红（如香港会所会费为每年65000港元）。

“股东”和“会员”不同，“股东”的准入要求颇高，必须是社会名流，每个行业的顶尖人士。投资人入会后，无须支付年费也可享用俱乐部的设施和服务，并将在每年获得一定比例的分红，这会让“股东”有“主人”的感觉。而“会员”则需支付年费，并且不能享受公司分红。

与一般俱乐部不同的是，M1NT更加注重股东与会员的本地化。也就是说，会员尽量是本地人。贝克汉姆在皇马效力时曾经申请入会，但遭到了拒绝，理由是他身在西班牙，不能经常来伦敦会所享受会所的服务。比如香港会所里，李泽楷、霍启山、李连杰、成龙等都既是会员又是股东。

股东会员在第二年就会有投资额的7%~10%作为额外的分红，入会第二年可卖出所持股份。M1NT从诞生到现在，之所以股价一直在涨，这在很大程度上依靠那一长串亿万富翁的名单。2009年M1NT香港会所的股价上升了80%，而且还有15%的利润用于分红。

2. 大量的投资打造出惊人的奢华

2008年11月新成立的M1NT上海会所，在福州路M1NT大厦的最顶层24楼，占地2000平方米。刚开业就吸纳了500名股东，都是地产、金融、时装行业的顶级人士。

会所内的一个吊灯就有9米高，一个鱼缸长17米，里面还有22条鲨鱼，10种不同颜色的水母。会所里面的奢华远远超过人们的想象。任何M1NT的竞争对手，也很难有这样巨大的前期投资。

每当夜幕降临的时候，M1NT俱乐部门口，保镖云集，美女如云，到处都是劳斯莱斯、保时捷等豪华轿车，很多名媛淑女在男士的陪伴下进了俱乐部。

这个“股东制”俱乐部的创始人保罗·罗宾逊是一个澳大利亚小伙子，以前在悉尼经营外汇。1999年，他集资到25万美元，做起了二氧化碳排放配额的生意。他收购了全球40%的排放配额，然后把它卖给日本、美国、中东、中国和欧洲等地的能源公司，接着又把公司卖了，赚了2500万澳元。后来，他为多名澳洲参议员、世界银行副行长等人及联合国担任顾问。

二、开创蓝海成功的唯一途径：分化模式（适合于所有能创品牌的行业）

红海战略指的是在现有的行业中竞争，蓝海战略指的是开创一个全新的市场，寻找一个没有竞争的市场。

1. “第一”胜过“更好”的市场规律

（1）以水为例

娃哈哈是第一种矿泉水，乐百氏是第一种纯净水，可口可乐是第一个碳酸饮料，鲜橙多是第一种果汁饮料，乌龙茶是第一种茶饮料，农夫山泉是第一种天然水，蒙牛是乳制品饮料的领导品牌，红牛是功能型饮料第一品牌。

如果你不能在某个行业成为第一，也不要灰心，争取创造一个类别成为第一。

（2）IT公司

IBM是第一家进入计算机领域的公司，DEC则是第一个进入小型计算机领域的公司，戴尔是第一家采用电话销售的计算机公司，英特尔是第一个进入微处理器的计算机公司，康柏是第一个做便携式个人电脑的计算机公司。

不是每一种“创造品类第一”都能成功，否则每个人都成功了。这也是为什么市场上有这么多创新的产品失败的原因。

“创造类别第一”并不是什么秘密，其方法早就公布于天下。如果你觉得“创造类别第一”就能够成功的话，那么我告诉你，你成功的概率大概只有十分之一。“创造类别第一”只是成功的第一步。

2. 分化是未来的一个趋势

开创蓝海是在消费者心目中形成深刻印象的最佳方案，也是打造核心竞争力最有力的武器。

红海战略可以造就很多百万富翁，而蓝海战略才能成就亿万富翁。

不是每一种开创出来的蓝海商机都能成功。

但是如何正确寻找蓝海商机呢？

首先要明确一个观念：分化是未来的一个趋势。

比如，你住在一个人口只有100人的小村庄，那么你可能在村子里找到什么样的商店？那肯定是一家食品、服装、柴米油盐什么都卖的“杂货店”。但是你搬到一座拥有100万人口的城市，你又会在此发现什么样的商店呢？你会惊讶地发现这里有分工极细的专业商店，例如，不单有鞋店，而且还分男鞋店、女鞋店、童鞋店和运动鞋店。

万科以前在深圳什么地产都做，包括商务地产、住宅地产、工业地产，但是当它面向全国市场的时候，就只做住宅地产。

诺基亚以前在芬兰什么都做，包括电子、电器、五金、制造、医疗器械，但是当它面向全球市场的时候，就只做手机。这也是为什么诺基亚能打败摩托罗拉的原因。

市场越大，商品专业性越高；市场越小，专业性越低，企业的概括性就越大。因此，当整个世界朝全球经济的方向推进的时候，当中国面对全球化的阶段，企业就必须变得更专业化。

可惜的是，中国绝大多数公司国际化的过程走的都是多元化的道路，结果碰得头破血流。

有些公司产品的制造可能在中国内地，后勤支援在印度与菲律宾，工程在俄罗斯，开发在美国。这也是未来发展的趋势。

定位大师赖兹说：“一个产品类别总是起始于一个单一的品种，然后会慢慢地分化。”

“福特”曾一度是基本运输工具车的代名词，主导整个汽车类别，之后出现分化：豪华车、中等价位车、廉价车。

50年前，一家杂货店可能存有4000件左右的物品。如今，平均每家超市存有超过40000件物品。杂货店中发生的情况也同样发生在药店、服装店、电器店、五金店和百货商店。所有商店的情况都是一样：更多物品，更多品类，更多选择。

分化是生命的真相，是企业发展的推动力，也是未来发展的一个趋势。每一种产品类别，从计算机、通信产品、家电，随时随地都在进行分化。没有分化，你怎么去创造类别第一呢？没有分化，你怎么去寻找无竞争市场呢？

3. 万事万物都有其自然规律

什么是自然定律?

比如太阳从东边升起来，从西边落下去，永恒不变，这就是自然定律。

春天过了是夏天，夏天过了是秋天，秋天过了是冬天，永恒不变，这就是自然定律。

(1) 付出定律

付出定律是说，生活中每一件事情的发生都有其特定的原因，宇宙间的每一件事都有其理由，没有一件事情是自由发生的。

也就是说只要你有付出，就一定有获得。获得不多，表示付出不够，想要得到更多，你必须付出更多。不了解付出定律的人非常多，他们总是想得到，可他们总是得不到，因为他们从来不想先付出什么。

付出与回报不是成正比的，而是成抛物线比的。付出一定有回报，只是回报的过程有个时间差，让人真正受不了的就是这个时间差。

(2) 从小到大定律

从小到大规律是从易经演化而来的。万事万物都是从小变到大，树是从小树变成大树，人是从小孩变成大人，做事情是从做小事开始，然后再做大事。万事万物都是从小变到大的。这是自然定律。

（3）无形的力量大于有形的力量

一个苹果成熟了，就自然会从树上掉下来，为什么？因为有地心引力。但是你看得见地心引力吗？看不见！可是地心引力存不存在？存在！

植物在不同地点生长，它生长的高度就不一样；人在不同的地方生活，他最终的成就大小也会不一样。比如不同地方的人做企业不一样：美国人擅长做大的，德国人擅长做精的，犹太人善于理财。这个与风水有很大的关系。

所以中国人讲，“山主人丁，水管财”。在山脉比较雄伟的地方，人丁往往比较兴旺。比如，世界上最大最长的山脉是喜马拉雅山，在这个山脉下面有两个国家人口最多，人丁最旺：中国和印度。

为什么中国比较发达的地区在沿海地带，全世界发达的地区都在沿海地带？因为人体30%是蛋白质，人体另外70%是什么呢？是水。所以人最喜欢什么东西？水。所以有水的地方就会有人，因为磁场接近。有人的地方才有钱。

这些都叫作自然定律，企业的发展也必须符合自然定律。

靠自己努力只能有小成就，靠自然定律加上自己努力才会有大成就。中国人讲：“大富在天，小富在人。”因此你更有理由根据自然定律去做人，根据自然定律去赚钱。

（4）地震也有规律

以下是中国100年以来发生过的大地震，看起来没有什么规律。

但是我们看看括号里面的农历时间，来看一下有什么规律。

• 1920年12月16日（农历11月7日），宁夏海原县发生震级8.5级的地震。

- 1927年5月23日（农历4月23日），甘肃古浪发生震级8级的地震。
- 1931年8月11日（农历6月28日），新疆富蕴发生地震，地震震级为8级。
- 1933年8月25日（农历7月5日），四川茂县叠溪镇发生7.5级的地震。
- 1950年8月15日（农历7月2日），西藏察洇县发生震级8.5级强烈地震。
- 1966年3月22日（农历3月1日），邢台宁晋县发生震级7.2级的大地震。
- 1970年1月5日（农历11月28日），云南酒海县发生震级7.7级的大地震。
- 1975年2月4日（农历12月24日）19时36分，辽宁海城发生地震，地震震级为7.36级。
- 1976年7月28日（农历7月2日）42分56秒，河北唐山、丰南一带发生7.8级的地震。
- 2008年5月12日（农历4月8日）14时28分04秒，汶川映秀发生8级地震。

从上面可以看出，近百年来，我国发生的大地震时间都在农历本月二十二日到次月的初八之间。也就是说，当月球运行到地球和太阳连线的垂线位置时（图3-1），最容易发生大地震。

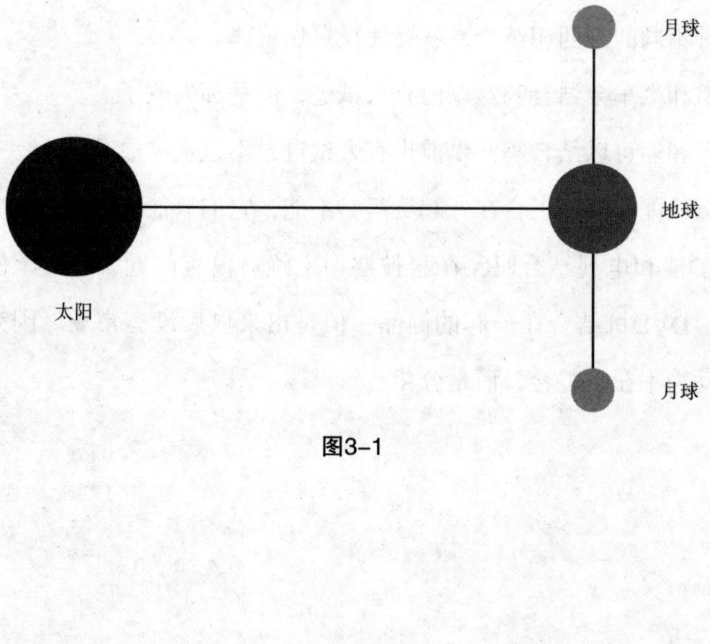

图3–1

而位于中纬度的其他地区也是一样。

- 1960年5月21日下午3时，智利发生8.5级地震（农历4月26日到5月6日）。
- 1970年5月31日（农历4月27日），秘鲁最大的渔港钦博特市发生7.6级地震。
- 1906年4月18日凌晨5时13分（农历3月25日），旧金山发生8.3级地震。
- 1908年12月28日凌晨5时25分（农历12月6日），意大利西西里岛的墨西拿市发生7.5级地震。

最终可以得出一个规律：中纬度地区的地震都是发生在本月农历的二十二到次月农历初八之间（注意：低纬度、高纬度地区不是这个规律）。

笔者只想阐明一个观点，万事万物都是有规律的（即使有些事情看不出规律，但是不代表规律不存在）。企业的发展也是一样，同样有规律，关键是我们怎样去找到这样的规律。

4. 整合违反自然定律

两种不同的东西相结合，就会违反自然定律。

飞机和汽车会结合吗？以前有人试过，但是都失败了。

汽车和船可以结合吗？以前也有人试过，不过也失败了。

计算机能和打印机合在一起买吗？不能，它们只能分开买。

DVD能和电视结合吗？在科技层面上绝对没有问题，市面上的确有将电视机、DVD机结合在一起的商品，但是出来以后没有市场。因为市场发展的推动力不在于整合，而是分化。

【案例一】苹果掌上电脑、海尔两用洗衣机、娃哈哈咖啡可乐、微软智能钱包失败的案例

苹果电脑曾经的失败：当结合性商品问世时，通常只能吸引一小群人。苹果电脑推出的结合式笔记本电脑，集电子日历、传真机和无线通信器所有功能于一体的“高科技产品”就是一个前车之鉴。没有哪项新产品像这种“高科技产品”一样，得到诸多媒体的注目，受到这么多媒体的宣传。但宣传的多少和成功与否并没有直接关联。

海尔两用洗衣机的销声匿迹：好多年前，四川的农民抱怨海尔的洗衣机质量不行，经常死机。维修人员最后查明，原来这些农民用洗衣机洗红薯。一般人如果看见这种情况，最多会教育农民兄弟，以后不要再用洗衣机洗红薯了，这是洗衣服的。

但是张瑞敏同志就不这样看，他的本分是创造利润，而不是教育农民。于是他马上嗅出了商机——生产一种既可以洗衣服、又可以洗红薯的机子。这种两用洗衣机一经推向市场，大受欢迎。

如果今天你做企业，不要去这样做，不要去学张瑞敏，不要企图对所有的人做所有的事。他这样的做法在20世纪90年代还可以，在现在已经不可取了。如今还能在市场上看到这种两用洗衣机吗？已经看不见了，因为它是结合性的产物，只能形成一种流行，而不是一种趋势。企业的发展理想状态是去跟趋势，而不是跟流行。最好就是最大的趋势，最广的市场，最少的竞争对手。

飞利浦多媒体放映机的失败：飞利浦曾经耗资数十亿元，来推广一款名为“CD-i”的多媒体放映机。这款多媒体放映机除了能欣赏影碟，还可以玩电动游戏、查阅百科全书、参观博物馆，以及其他很多有趣的活动。看起来很先进的机器，但是因为功能复杂，销售人员向顾客推荐这些功能时就要花上30分钟。可想而知，这个价值1000美元的复杂机器，没有几个顾客愿意购买。

在自然界中，我们看到粗壮的枝条不断地发出新枝，却极少看到几根粗壮的枝条合并在一起。融合正是试图让几根粗壮的树枝最终长到一起。在商业界，融合的概念或许会触动华尔街资本市场的兴奋点，但打动不了市场的兴奋点和消费者的认知。

微软的智能钱包的失败：比尔·盖茨对未来钱包的想法，就是集合或代替了钥匙、信用卡、身份证、现金、书写工具、护照、照片、GPS功能的一个钱包。这个产品能成功吗？很可能不会。这个产品太复杂了，太乱了。世界上还有很多人不会使用信用卡呢。

【案例二】分化带来的巨大商机

计算机在一段时间之后，开始分裂成几个细分市场：操作系统类别（微软、Linux）、芯片类别（英特尔）、键盘和鼠标类别（罗技）、存储类别（Zip、Migo）、打印机类别（爱普生、惠普）、投影机类别（富可视InFocus）、扫描仪类别（UMAX）……基本上没有个人电脑和其他产品是融合创建的。

百货商店的分化：运动鞋店、婴儿商店、床上用品店、图书馆、休闲服店、家具店、珠宝店、皮衣店、女性内衣店、化妆品店、男士西服店、宠物店、运动用品店、玩具店、残疾人用品店、左撇子用品店，等等。

酒店的分化：今天美国的酒店业已经分化出来一系列品牌：常规酒店、套房酒店、汽车旅馆和公寓酒店。此外，还有高档酒店、中等价位酒店和平价酒店。

中国有女士酒店吗？有学生酒店吗？这些也是分化出来的商机。酒店和餐厅，与零售业一样，必须靠连锁才会有所成就，连锁的目的只有一个，就是取得市场的主导权。打造核心竞争力的最终目标也是要取得市场的主导权，也就是成为全国或全球第一的品牌。可惜，很多人做酒店赚了钱以后，不再继续做下去，而是去做别的行业，这就是问题的关键了。

法律的分化：管理机构、政府法规、海事法、反垄断法、航空法、破产法、婚姻法、合同法、建筑法、公司法、犯罪法、残疾人法、劳工法、环境法、特许权法、版权法、专利法、房地产法、税法、遗产法。

水的分化：在中国，瓶装水分化为：纯净水、矿泉水、矿物质水、维生素水、高档矿泉水瓶装水等。在美国，分化更为激烈，有常规水、高档水、加钙水、尼古丁水、咖啡因水及氟化婴儿水等。

连感冒药这个品类也在分化：感冒药、长效感冒药、日夜分服感冒药、中西药结合感冒药、低价感冒药、小儿感冒药。

牙膏的分化：美白的、坚固牙齿防蛀牙的、防过敏的、预防上火的、清新口气的，以后可能还会有女性牙膏、男士牙膏、老人牙膏。而这些都是分化的商机。如果能再创造一个分化的类别牙膏，就会在市场上领先，更重要的是深入人心。

维生素的分化：孩子的、老人的、男人的、女人的、孕妇的、吸烟者的。

牛奶的分化：原味的、各种果味的、含果粒的、伴果酱的、低糖的、无糖的、低脂的、脱脂的、高铁高钙的、添加各种微量元素的，等等。以后可能还会有婴儿牛奶、孕妇牛奶，这些都是中国商场上面的空白。

广告行业的分化：电视广告、网络广告、报纸广告、杂志广告、户外广告、广播广告。户外广告又可以继续分化：地铁广告、街道广告、零售点广告、交通广告、大看板广告、电梯广告、计程车广告等。

咨询行业的分化：专门做服装的、专门做零售的、专门做餐饮的、专门做中小企业的、专门做房地产的、专门做城市规划的、专门做保健品的、专门做管理的、专门做人力资源的、专门做IT的、专门做营销策划的、专门做奢侈品的。

如果你想成立一家咨询公司，最好做一个方面的咨询就够了，要是什么都做，则很难生存下来。咨询行业和所有行业也是一样，能够存活5年以上的，不到5%。

所以说，要想真正地开创蓝海市场，必须从分化中去找规律。整合同样可以开创一种新的蓝海，但是不一定能够成功。

三、模式创新＝复制＋改良

讲了这么多商业模式，那么怎么来创新自己的商业模式呢？一言以蔽之：商业模式的创新=复制+改良。

如何给自己的公司定位？答案是去看其他公司是怎么定位的。怎么去写好的宣传单？答案是去看很多好的宣传单。怎么去研发好的产品？答案是去看很多好的产品。怎么去打出好的广告？答案就是去看很多好的广告。模仿其他公司，然后再改良就很轻松，你自己去想就很累。

所以大家现在看看微软，微软没有一样东西是自己原创的，Windows、Office等全部是改良的，所以比尔·盖茨是个改良天才。

很多成功人士的辉煌成就都不是有重大的创新，而是巧妙地借用了人家的智慧。古往今来历史上很多伟人都不是遇到了千载难逢的机会，而是聪明地利用了自己身边的机会。问题是很多人对这些机会充耳不闻，熟视无睹，置若罔闻。

五粮液的小包装促销，也是一种创新；沃尔玛的产品降价促销组合，也是一种创新。金嗓子喉宝一盒一袋包装变成一盒四袋包装，可以合在一起卖，也可以分开卖，这也是一种创新。

盛大借以发家的传奇游戏，在韩国已经成功运营多年，陈天桥不过是将成功的模式拿来，加上自己强大的终端推广能力而已。

分众传媒不过是将美国的楼宇电视传媒模式拿到中国市场上来进行有效整合而已。

日本索尼走创新路线，日本松下走的就是模仿战略，松下模仿索尼的产品进行改良发展。

韩国三星也是一样，三星不是从头研发产品，而是用钱买技术，买来以后只做一点自己的设计和修补。李健熙说，如果付出1亿韩元，就能以一周的时间获得技术，那么硬要投入10亿韩元，还必须经过3~5年的时间开发就是一种浪费。付5%的技术费用没关系，只要能知道怎么做，缔造10%的利益就好了。这就是三星的“复制＋改良”策略。

创新＝复制＋改良。你自己去想就很累，拿人家的过来改良就很容易，而且自己想出来的一般都死得很惨。有时候，在某一行业被摒弃的策略，却可能在另一个毫无关联的行业中具有无比珍贵的价值。

一般来说，打造核心竞争力最成功、最见成效的创新就是将你开创的概念成功地运用到完全不同的业务中。所以我们要想在自己的行业中创新商业模式，最好是跳出行业看行业。

每天积累一点点，一年下来就不得了。假如你现在的水平是基数1，每天进步0.01，到年底的时候，你的水平就是3.65。一年的时间就能让你成长几乎4倍。三年以后，你就是三年前水平的10倍。

战略学家魏斯曼说过：“问题的解决，往往不在问题发生的层面，而在与其相邻的更高层。”企业模式问题的解决往往不在自己模式这个层面上，而在于其相邻的更高层的哲学层面上。

那么如何创新商业模式？彼得·德鲁克的新经验主义管理学派和系统论就提供了非常好的哲学上的方法论。系统论是讲正向思考往往反映的是事物的普遍规律，逆向思考往往反映的是事物的本质规律。如何创新商业模式很难做，越来越难做，这是正向思考；逆向思考就是去复制。

所以，在创新的过程中唯独要注意的是要研究商业模式，要研究商业模式的相关层面，读书也是要读书外的东西，听人讲话也是要听言外之意、弦外之音。也就是要做到于无声处听惊雷，于无字处读经典。

四、创新成功的几个案例

奥克斯空调《成本控制白皮书》公布了空调的成本。从此以后空调谁要是卖得比奥克斯贵，那就太黑了；卖得比奥克斯还便宜，多半是假货。

奥克斯刚刚开始进入市场的时候，就说买我的空调，可以得到米卢教练亲笔签名的足球，结果很多球迷排队。然后他们又放出风来，说将要花150万美金请巴西队罗纳尔多做品牌代言人，但是隔了几个月又说没谈成，但是之前媒体已经报道了。

同样的方法他们又用在吴士宏（微软中国的前任总裁）身上。奥克斯扬言要花百万年薪去请吴士宏，去北京谈判。这种事情，媒体记者绝对不会放过，在媒体上刊登“奥克斯造手机，邀请吴士宏加盟”的消息。后来说在2002年11月底揭晓最终结果，到了11月底，又说要12月底才宣布，最后到了12月底，却说因为种种原因没有谈成，但是之前媒体已经报道了。

蒙牛是国内第一家捐款抗击“非典”的企业，积累为非典捐奶折合人民币1200万元。民族的健康受到威胁的时候，企业是什么反应？这个时候最容易塑造企业的公益形象。不仅仅是知名度，更重要的是名誉度。

2003年第19个教师节来临之际，蒙牛向全国16个城市的约125万名教师，每人赠送一箱蒙牛牛奶，价值3000余万元。他们说：“科教兴国，必先国兴科教。”

蒙牛把经营企业品牌和经营地区品牌融为一体。“为内蒙古喝彩”深得人心啊！

“神舟五号”升空，举国瞩目。在杨利伟回来的第二天，蒙牛在各大媒体上打出“热烈祝贺蒙牛牛奶成为中国宇航员专用牛奶”的广告。但是报社就开始问了，回来了还好，万一没回来，怎么办？蒙牛说，不用着急，后面还有个信封，信封上写着广告的预案：蒙牛乳业将和全国人民一起，永远支持国家的航天事业。

有一家羊肉火锅店，因为地理位置不好，消费水平不高，所以，夏天的时候，火锅店生意总不太好，主要原因是吃火锅太热且容易上火。于是他们研制了一款清火的火锅产品，在火锅底料中，放点去火的中药，不仅能解毒败火，味道还会更好。

有一家花店，我们看看花店是怎么提高花店的营业额的。

首先他们在路上发名片，如果只是发名片，路上主动要的人会非常少，如果把名片夹在一支玫瑰花上，肯定会有很多人愿意要。我曾经帮助一家花店，在农历七月初七情人节这天，在当地比较繁华的地段送1000支玫瑰花，成本大概是1000元。结果很多媒体都来报道这件事情，说某某花店在情人节这天向全市市民送玫瑰花。

然后打听好周围的单位、商家，何时是他们的店庆或纪念日，然后在店庆的时候，主动送一个花篮表示祝贺。在花篮上别忘了加一张名片。这样，花店的名声就打响了，来买花的人自然就多了。

北京长城饭店，为了宣传自己，当年里根总统访华时，他们抓住这个机会，让随行的记者免费住在长城饭店，只是有一个很小的要求，就是记者播放新闻的时候，必须站在长城饭店这块牌子的前面。这个效果相当的好。

2005年8月2日，快餐巨头肯德基在中国16座城市同时宣布：“拒做传统洋快餐，全力打造新快餐。”真功夫看准了时机，马上找到了进攻的绝佳机会，在同年8月底，真功夫打出醒目的广告语：“营养快餐倡导者真功夫热烈欢迎肯德基加入营养快餐行业。”同时列举出洋快餐的7宗罪和真功夫的7大好处。结果肯德基一怒之下，投诉到工商局，随后真功夫将广告内容改为：“真功夫欢迎传统洋快餐，为中国而改变。”

泰国的支柱产业是旅游业，以前泰国曾发生过禽流感，但他们的总理仍旧自信地去肯德基吃鸡肉。中国的媒体就很快报道，因为泰国的客源很大部分是中国人，这起到了很好的效果。

英国维珍可乐问世的时候，他们的老总穿上军装，开着坦克，从很多可口可乐瓶子上面开过去，宣布他们的维珍可乐问世，结果全英国都在报道。

维珍集团的老总叫布兰森，他在17岁的时候，就办了一本杂志，叫《学生杂志》。他的校长看了以后，就给他这样一个评价，说你这个家伙长大以后，不是锒铛入狱，就是飞黄腾达。因为他的个性很张扬，而且特别喜欢探险，经常坐着热气球探险。

当布兰森赚了钱后，他就买了一架飞机，成立了一家航空公司——维珍航空，跟英国联合航空公司竞争。竞争了半年还不到，他就跟英国联合航空公司打官司，他说联合航空公司利用垄断地位欺压他。一个只有一架飞机的小公司与那么大的航空公司打官司，是不可能赢的。接着打着打着，媒体到处宣传，搞得全英国老百姓都支持他，英国联合航空公司最后不敢再把这个官司打下去，再打下去自己的名誉就没有了，于是选择与布兰森庭外和解，赔给他个人50万英镑，赔给其公司20万英镑。

后来他又跑去做手机，维珍手机刚刚出来的时候，他找了几十个模特，几乎全裸，然后跟着他一起在伦敦大街游街。他举着一块牌子，上面写着“所见即所得！”印度国会请他去做演讲，他要骑着白象去印度国会演讲；因为他非常懂得公关的重要性。

五、发现产业中的高利润区，要么聚焦高端，要么聚焦低端（适合于所有行业）

生物学里有一个著名的实验，很好地体现了“模糊的中间地带”准则：在一个试管里放进两种不同的草履虫，过几天回来再看，发现其中一种占据试管的最上端，另一种则占据最下端。海边的藤壶也一样，一个种类占据了高潮线，另一个种类就会爬到低潮线。

这又是一个自然定律：随着时间的演进，每个品类都会分化成两个不同的市场，一头在低端，另一头在高端，每个行业最应避免的地方就是模糊的中间地带。企业想要成功，应该在这两端上做选择，而这两端才是真正的高利润区。

【案例一】航空业、百货业、汽车行业走中间路线失败的教训

中国的企业家可以关注一下美国企业的情况。现在美国哪些行业发展有问题？汽车、百货和航空业。这三个行业因为同一个原因而深陷泥沼——行业里的大企业都想对准市场的中心，从而陷入了模糊的中间地带。

（1）汽车行业

美国两大汽车公司通用和福特多年来都在亏损，而且数目庞大。这两个公司都没有特别强势的低端品牌或高端品牌。通用过去三年亏损513亿美元，福特同期亏损139亿美元。在低端市场上，三大进口品牌韩国的现代、起亚及日本的马自达销量非常好。事实上，通用汽车所有的品牌中除了雪佛兰之外，销量都落后于现代。

我们来看看美国市场2007年的汽车销售榜：

- 现代（韩国）：467009辆；
- 庞蒂亚克（通用）：358022辆；
- 起亚（韩国）：305473辆；
- 马自达（日本）：296110辆；
- 土星（通用）：240091辆；
- 别克（通用）：185791辆。

在高端市场上，三大进口品牌雷克萨斯、宝马和奔驰硕果累累，他们2007年的销售情况如下：

- 雷克萨斯（日本）：329177辆；
- 宝马（德国）：293795辆；
- 奔驰（德国）：253277辆；
- 凯迪拉克（通用）：214726辆；
- 林肯（通用）：131487辆。

美国汽车品牌的特点是中间强势，两端微弱，这带来的问题只会越来越严重。

（2）百货行业

西尔斯百货是美国最大、赢利最多的零售商，但这个具有122年历史的公司如今麻烦连连，早已风光不再。

聚焦低端的沃尔玛利润非常大，塔吉特百货的总收入是西尔斯的2倍，沃尔玛的收入更是超过西尔斯10倍之多。

聚焦高端精品百货的诺斯通、萨克斯第五大道、塔古特百货也发展迅速。而既做高端、又做低端的凯马特却破产了，西尔斯也是濒临破产。西尔斯百货应该怎么走？西尔斯本应缩小焦点，成为专家。要么聚焦高端，要么聚焦低端。

高端超市大多以进口商品和高档食品、高品质生鲜肉为主，Ole超市的半斤澳洲进口牛肉的售价高达498元，相当于普通工薪族一个月的伙食费。

这种高价格背后带来的是高利润（平均毛利率在12%左右），是普通超市的2~3倍。而作为最大卖点的进口食品及高品质生鲜类商品，更是周转快且利润高。

如今要做零售，建议大家聚焦在高端。

（3）航空业

低端的有：美国西南航空、中国春秋航空、欧洲爱尔兰航空和亚洲航空，他们的赢利都很高。

航空公司的管理层显然非常喜欢“为人人服务”的概念，因为它能将市场份额最大化，至少理论上是这样。

航空公司要决定到达地的问题：飞商务城市还是度假胜地？这次不约而同的说法是：“两个都飞吧！”下一个是经营范围的抉择：飞国内还是飞国际呢？答案也许你已经猜出来了：“老规矩，两个都拿下！”服务是提供头等舱还是经济舱？又一次不约而同：“两个都要，一个都不能少！”

我们来看看秉行“聚集”战略的美国西南航空：只飞商务城市，不飞度假地；只有经济舱，不提供头等舱；只飞国内，不飞国际。结果，美国西南航空成立30年，赚了28年，世界上哪个航空公司做得到？

高端的私人包机市场行情也在上涨，而且很多航线表示有兴趣只做头等舱。长期来看，肯定会有高端的航空公司或私人航空公司品牌出现，这是很合理的营销思维方式。

走中间路线的美利坚航空、联合航空、大陆航空、达美航空基本上都在亏损。

“中间地带”的错误层出不穷

在餐饮行业中，聚焦低端的真功夫、麦当劳、肯德基、小天鹅基本都不错；聚焦高端的外滩18号、厉家私房菜、雍福会、陆唯轩、全聚德、上海黄浦会也很受青睐，走中间路线的利润率反而不高。

在服装行业中，聚焦低端的美特斯邦威、柒牌、达芙妮、佐丹奴都卖得很火，聚焦高端的香奈儿、阿玛尼、华伦天奴、爱马仕也都很受欢迎，但走中间路线的服装品牌的利润却非常低。

在酒店行业中，聚焦低端的99旅馆、如家经济酒店、Motel168、七斗星利润都不错，入住率也很好，聚焦高端的喜来登、凯宾斯基、希尔顿同样入住率也很高，走中间路线，什么都做的宾馆却面临很大的危机。

红葡萄酒很畅销，白葡萄酒也卖得很好，但玫瑰红酒就无路可走。很多葡萄酒消费者会轮着喝红葡萄酒和白葡萄酒，但这并不意味着红白两色中间的玫瑰红酒也能成功。

在手表行业，Swatch、浪琴这类低端时尚手表市场很大，高端的昂贵手表如劳力士、江诗丹顿、百达翡丽也备受青睐，两者之间的中瑞手表市场却不大。

数码相机市场中，低端的傻瓜型相机卖得不错，重达几磅、大而复杂的单反相机也卖得非常好，中间路线几乎没有市场。

今天中国绝大多数企业都在便宜和昂贵之间、时尚和耐用之间、边缘和主流之间、年轻与年老之间准备做抉择。他们的座右铭是：集中两者之精华，取众人之长。我的提醒是：成功的产品一般都跟完美不沾边，集中两者之精华，试图取悦所有人往往会步入模糊的中间地带，最后会以失败告终。就像前面举的很多已经失败的案例：微软的钱包，苹果的新式电脑，娃哈哈的咖啡可乐，DVD电视，等等。

记住，中国的企业理想状况是要么走高端路线，要么走低端路线，这也符合道法自然的定律；走中间路线利润会非常低，或者根本没有。

如果你是做健身俱乐部，要么聚焦高端客户，要么聚焦低端客户；如果你做培训，要么定位高层，要么定位基层；如果你做租赁，要么做大客户，要么做小客户；如果你做厨房用品，要么做顶级的，要么做大众的。

【案例二】中国台湾液晶电视品牌维伊奥聚焦高端，获得高利润

这是一家中国台湾的企业，只有170人，一年却创造20亿美元收入！维伊奥，这个台湾品牌，比索尼便宜20%，而且比海尔聪明，绝不在沃尔玛卖，保持了自己的高端形象。

维伊奥，成立仅五年，就在美国打败索尼、三星，成为液晶电视新霸主，在2009年第二季占有率达到22%。其奥秘何在？

维伊奥公司的创始人是出生在中国台湾的美籍华人王蔚，他在2002年底以60万美元起家。之所以能成功，一是因为产品便宜，二是选择"会员制量贩店"作为销售渠道。

维伊奥的液晶电视，全部是代工生产，主要的代工厂是中国台湾的瑞轩科技及鸿海精密。这有利于他压低价格，在产品一开始进入市场时，售价就比一线品牌便宜一半，到现在逐步缩小为20%。

维伊奥的销售渠道为其赢得了"高端形象"。他既没有选择沃尔玛这样的卖场，也没有选择"百思买"这样的家电连锁店巨头，而是选择了"好市多"（Costco）和山姆会员店这样的会员制量贩店。

这是一个非常聪明的选择！

如果进入"百思买"这样的家电专业店，不仅要面对一线品牌的激烈竞争，还要承担高额的销售保证金和其他费用——况且"百思买"还在卖自己的电视品牌。

而“沃尔玛”作为美国最大的廉价超市，针对低收入顾客，卖的大多是些低端品牌。海尔就是因为长年混迹于沃尔玛，在美国消费者心目中成为廉价角色。

而好市多是美国最大的会员制连锁仓储式超市，定位消费能力较强的中、高端消费者，消费者基本上每周会光顾一次。选择这样的渠道，提升了维伊奥的品牌形象。而且维伊奥的产品推广，几乎完全依靠卖场展示和口碑营销，广告投放资金不到公司开支的1%。

令人吃惊的是，维伊奥公司只有170多名雇员，却创造了超过20亿美元的年销售额。其中一半以上的员工，都在从事售后服务工作。

这是因为，在北美市场，消费者可在一个月内无条件退货。如果顾客买的是索尼这样的一线品牌，还有可能选择换货；但对于维伊奥这样的二线品牌，多数人更有可能会毫不犹豫地直接退货。一旦退货超出一定限度，成本过高，对于新品牌来说，就是灾难。因此维伊奥拥有这么高比例的客服人员，可以让公司先立于不败之地。

维伊奥既没有生产能力，也没有雄厚的资金实力。向销售渠道收取预付资金，并挤占供应商货款，是它能够实现20亿美元年销售额的直接原因。当然，这也蕴含危机。

那么怎么办？于是维伊奥将最大的两家OEM厂商——瑞轩科技及鸿海精密变成股东，现在它们分别持股23%与8%。

同时维伊奥也与“好市多”保持着良好的关系。例如承诺，即使电视售价下调，也不会减少支付给他们的销售利润公司，以此建立长期互信。

【案例三】美国“全食食品”聚焦高端，成为美国最大的“有机食品连锁超市”

“全食食品”公司被列为继微软、星巴克、苹果之后，能够改变世界的公司之一。它是美国最大的“有机食品连锁超市”，虽然商品售价比一般超市高出40%，但消费者仍络绎不绝。

全食食品公司把自己定义为顾客的“营养师”，让“有机食品”从边缘文化扭转成主流文化。1992年上市后，其股价成长一度突破30倍，目前市值38.5亿美元，过去五年营业收入成长率皆超过17%。

“全食食品”严格把关食品的每个生产历程，并且为食品附上详细的“生产履历”。他们通过“生产履历”来创新模式。

“一只生活在有机农场的鸡，这只鸡的一生在定制鸡舍中度过，它的鸡舍通风，地面铺有干净的谷物。和普通鸡不同，这只鸡从没用过抗生素或生长激素。”这就是摆在“全食食品”冰床上的一块鸡肉的生产履历。

因此，这只鸡的肉每磅3.3美元，是普通鸡肉的两倍多。“全食食品”之所以能够成功，是因为它为顾客严格地挑选天然纯净的“有机食品”。

美国农业部对“有机”的定义很严，必须是不使用有毒化学肥料、不打抗生素的肉食品，不施化学肥料的农作物。每个要成为供应商的有机农户，都必须填写39页的表格，说明更多细节，包括怎么给动物喂食、放养及清洁。

全食食品的创始人约翰·麦基是一个素食主义者，他在1980年创办的全食食品，已成为美国最大的“有机食品连锁超市”。全食食品总部位于德州，拥有272家分店，员工5万多人。中国目前还没有这样的超市，但相信以后一定会有。

全食食品的管理理念是“顾客第一、员工第二、股东第三”。他们认为公司最好的创意，都来自第一线的员工。全食食品的每个店，都不被称为“店”，而叫“团队”，员工有极高的自主空间，包括采购、促销、陈列、聘用等，都由各团队自行决策。看起来这样好像不能量化，但是仍然做得很好。

新员工会被分配到其中一个组别，试用期后交由该组全体表决，2/3组员同意，才能成为正式员工。很多员工只有当主管出现时才表现出认真的样子，但在这里，每一个员工都会彼此监督。

所以，全食食品员工薪资水平高于业界同行业的40%，但他们规定主管的薪资最高不超过员工的14倍，公司也把94%的股票期权发给员工。只是员工薪资和福利，就占了营业收入的1/4。

全食食品把食品零售店当作精品店来经营，被誉为“超市中的星巴克”。店内的设计风格和普通超市截然不同，店中有优雅的灯光、木质的货架、古典的音乐。

到了用餐时间，全食食品公司更会摇身一变，成为一个小型美食广场。厨房里有50多位全职厨师，烹调各式各样的有机熟食。

因此全食食品不仅是蓝海战略的成功，更是商业模式的成功。

【案例四】乐活城聚焦高端有机蔬菜

有机食品也叫生态或生物食品，是目前国标上对无污染天然食品比较统一的提法。有机食品通常来自于有机农业生产体系，根据国际有机农业生产要求和相应的标准生产加工。

北京乐活城超市的蔬菜不洒农药、不施化肥、畜禽不喂饲料，所有的东西都是纯天然生长，由经过严格审查挑选的有机种植农庄作为其供应商。

两根黄瓜标价7元的高价没有吓退消费者，有疑问的顾客被源源不断地邀请去农庄亲自体验鉴定商品的生产过程。口碑的力量是无限的，去过农庄的顾客们除了在亲友间帮乐活城宣传产品外，甚至还向乐活城推荐商品，顾客的推荐货品曾占据了乐活城全部商品的20%。

乐活城的成功首先在于聚焦高端，然后再提高一条完整的供应链模式。

【案例五】美国"布法罗鸡翅酒吧"聚焦低端，计划要开1000家分店

"布法罗鸡翅酒吧"是一家风靡美国的连锁酒吧，专门卖辣鸡翅和啤酒。这个酒吧最大的特点就是电视多。浇上酱料的辣鸡翅加上啤酒，很多人围在一起就可以看篮球、橄榄球、棒球比赛。因为美国人都很喜欢体育比赛，因此这个酒吧大受年轻人欢迎。该酒店只做鸡翅烧烤，这样就形成了一个全新的蓝海市场，连续三年每年股票增长高达44%。

它风靡美国的原因，是其商业模式拥有很强的扩张能力。到今天已在美国开了500多家直营店及加盟店。那么，布法罗是如何复制这些体验的呢？美国人酷爱体育比赛。每年，NBA总决赛平均每场可吸引930万球迷，橄榄球冠军赛球迷则超过1亿。篮球、棒球、橄榄球，三大球的赛季，加起来能覆盖全年。这就使布法罗全年的生意都很好。

每逢大赛，店内都排起长龙，人声鼎沸。而在没有比赛的日子里，有些店照样热闹。如星期二促销活动，原来半打3.5美元的鸡翅，这个时候只需要1.8美元。布法罗靠这种方式吸引了无数多的人。

在布法罗，有20多种酒类、14种口味的鸡翅可供选择。聚焦产品，是他们成功的另一个关键。鸡翅占布法罗公司销售额的23%左右，他们每周大概卖出800万个鸡翅。

鸡翅的做法十分简单：将鸡翅油炸后，浇上一层厚厚的、以辣椒为原料的酱汁即可。这招让布法罗的鸡翅标准化。所有的秘诀就在于“酱汁的配方”。布法罗有14种不同口味的酱汁，有香辣味的、烤肉味的、辣椒味的、芒果味的等。所有这些酱汁，是美国一家历史悠久的食品酱料生产商提供的，并与布法罗签署了一份保密协议，以保证不泄露配方或提供酱料给别家餐厅使用。

开加盟店，是布法罗扩张的主要动力。现在布法罗535家分店中，有2/3是“加盟店”。2007年，来自加盟店的收入有3600多万美元，仅占总收入的10%，但是利润却占了40%。

布法罗向加盟商收取三个方面的费用：初始加盟费、权益金和广告费用。各种费用想要达到的目的各有不同。

“初始加盟费”是一次性支付的费用，是开一家新店的门槛，所以有很强的引导意义。为此，越有经验的加盟商，开一家新店的门槛就越低；跟着布法罗的指挥棒走，门槛就更低。比如，若是加盟商初次开店，初始加盟费为4.25万美元，开第二家则降到3.25万美元；如果在指定位置开店，则进一步降到1.25万美元。

“权益金”，是布法罗从加盟商那里获得的主要收入，也是长期收入，按每家加盟店销售收入的5%来收取。

“广告费用”为加盟店销售收入的3.5%。其中3%进入布法罗的广告基金，用于全国品牌推广；另0.5%则被用于加盟商所在的本地市场推广。

对于那些做大做好的加盟店，布法罗也可能会回购，变成自营店。自营店和加盟店的比例，在1996年是1∶6，现在是1∶2.3。2008年，布法罗就以2300万美元回购了9家位于拉斯维加斯的加盟店。2009年，布法罗的收入为4亿美元，利润为2200万美元，各比去年同期增长26%及17%。他的计划是，到2012年开1000家分店。

【案例六】纯本百货独创"0 租金、0 折扣率、7 天一结账"模式

北京纯本百货是一家在国内独创商业"0租金、0折扣率、7天一结账"模式的商店。它的目标是消费者、厂商和商场"三赢"。在业内人士看来，新模式、低价格造就了纯本百货的"热启动"，但位于大山子地区的这支百货新军提出的"打破传统百货价格潜规则"、做"国内首个低价直销连锁百货商场"的目标在今天看来似乎还很遥远。

刚开业时，商场单日的销售业绩超过600万元。这一销售业绩在京城同期开业的几家商场中名列前茅。不过，好的开始只是成功的一半。"商场刚刚开业，需要解决的事情很多。"

在业内人士看来，纯本百货的商品价格区间较低，折扣力度较大，兑现了商场的低价承诺，但依靠价格博得"眼球效应"后，纯本百货能否获得消费者的持续青睐，还是个未知数。

"007"模式有多先进？

纯本百货成立的初衷，就是要打破传统百货的价格模式。目前的百货商场普遍存在高额折扣率（25% ~ 50%不等）、漫长账期（45天 ~ 9个月）、促销成本完全转嫁等潜规则。据透露，商品从出厂到进入商场历经多个环节，常见的流程是：服装厂家→总代理→区域代理→经销商→商场，这层层环节拉高了商品零售价。售价为100元的商品，往往只有50元是商品本身的价值，剩下的一半价格则是在养活商品流通渠道的供应链。

纯本百货“0租金、0折扣率、7天一结账”的“007”模式，砍掉传统百货的多重代理环节，让厂商直接面对消费者，从而实现最终零售价的下降。纯本百货销售的服装品牌有两类：一类是大家耳熟能详的知名品牌，这些品牌执行全国统一价格，并参与商场的促销活动；另一类品牌知名度一般，但质量相当于传统百货的中档品牌，对这部分品牌，纯本百货采取“007”模式给予扶植，但要求其零售价格必须是批发价，相当于同类商品的3.5折左右。

纯本百货的模式是：从与品牌联营获得扣点利润，变为免除进场、促销等费用，从每件销售的商品中抽取固定金额。随着商品价格的提升，抽取的数额也在不断提高。很多零售业专家认为，由于价格区间较低，单品利润有限，要想在北京商业立足，商场需要聚集大量的知名品牌，吸引较大的客流群体，从而获得巨大的交易量。

不过，纯本百货似乎对知名品牌并不“感冒”，据纯本百货方面介绍，耐克、阿迪达斯、百丽等知名品牌只占据商场约两成的经营面积，剩余近4万平方米的面积则是广东、福建等地区的品牌。

这种模式依然利润很高，因为它聚集低端，符合了自然定律。

【案例七】一分钟诊所聚焦低端，让看病相对标准化

快节奏的服务方式，标准化的生产流程，一样可以复制到服务产业当中。有一家诊所，采取了工业化流水线式的傻瓜操作，看病只需15分钟，随治随走，诊疗费用只需大医院的一半。

我们都知道，麦当劳、肯德基经营的不是快餐，而是一种快节奏的生活方式。同样的道理，诊所是否也能跟上快节奏的生活节拍？如果诊疗的时间成本大大降低，受日常病痛困扰的客户们自然更喜欢生活工作节奏不被打乱的快捷医疗服务。

在这个突发奇想的启示下，美国有个叫克里格的人创办了一个诊所，以最快的方式治疗18个月以上的儿童和成人的常见疾病。他为诊所取了一个很有吸引力的名字“Minute Clinic”，即一分钟诊所。这是一个能够使人们联想到快捷医疗服务的名字，向客户清晰、快速地传达了价值主张和新的服务概念。

诊所服务时间和地点非常方便，他们一周7天24小时营业，选址则是民众常去的地方，比如沃尔玛、家乐福这样的大型超市内，方便人们购物时就诊；比如政府机关和私人企业附近，方便上班族利用午休时间看诊；又比如各大连锁药店旁，方便病人看诊完毕可以直接到药店拿药。

病人到诊所后，诊所采取随到随诊的做法，大幅缩短了病患排队等候的时间。顾客抵达诊所时，若已有其他病人在看诊，可以选择留在现场等候，或者拿着诊所特制的呼叫器，到旁边的超市购物。轮到顾客看诊时，护士会提前2分钟通过呼叫器通知。即使等待的时间不过十几分钟，诊所还是给忙碌的顾客提供了利用空当的机会。

每家诊所在相应时段都有一名驻诊护士，护士对病人当场进行检查，然后搭配病人陈述的病史和病情进行诊断治疗。诊所的系统可以对病人进行快速登记、快速治疗并自动生成病例。为了保证快速、便宜和高效，诊所治疗方案只针对易于诊断的病症，针对这些病症，护士只需要根据既定的“自动诊疗方案”就可以自行处理。如果遇到复杂的病案，则会以最快的时间及时转到建立“绿色通道”的专业医护人员那里。

诊所的所有治疗均不超过15分钟，病人随治随走。

治疗服务的各项费用，就像列在麦当劳的菜单上一样，清楚透明又低价，价格低至30~110美元。由于民众接受度高，美国大多数保险公司都已将一分钟诊所纳入给付范围，即使全额自费都算便宜。

就像连锁零售店一样，一分钟诊所力求标准化，收费虽然不高，利润却相当可观。诊所的设备只需基本的检测仪器，投入成本不高。

一切都在向诊所的核心目标发展：向大众提供快速、便利的医疗保健服务。一个时间成本、人力成本、设备成本均降低到极致的医疗服务模式就此形成。

目前，一分钟诊所已经发展为集团化运营，在美国已有350多个连锁经营的诊所，已经形成了一种高效、便捷的医疗连锁模式。它的成功首先在于聚焦低端，有了这个基础才能谈标准化。

【案例八】瑞文眼科的低成本商业模式

由于地理环境等因素，印度的白内障发病率较高，防盲、治盲成为印度社会广泛关注的问题。目前印度每年要进行将近500万例白内障手术，其中大约1/3对贫困阶层施行的手术是免费的，而其中知名度最高、医疗水平最好的当属Aravind眼科诊所（音译：瑞文眼科诊所）。

1976年，58岁的眼科专家——文卡塔斯瓦米医生（Dr.G.Venkataswamy）退休后，在印度马杜赖开设了瑞文眼科诊所。

这位印度医生开办瑞文眼科诊所的灵感来自一次参观麦当劳总部后对他“装配线”模式的感悟。麦当劳通过标准化的流水线操作，克服了饮食行业中食品质量控制、量化管理等工业化难题，使得它能以低廉的成本为海量的顾客提供优质食品与服务。

虽然汉堡包的标准化不难，但是看病也能标准化吗?这样的工业“流水线”模式能复制到知识经验密集、技术高端的医疗行业吗?

随着医疗科技的发展，医疗正在日益从一个纯经验性行业向科学化精确治疗转变。治疗也随之出现了两种类型的分化：

第一类是经验性诊疗，医生综合多种诊断数据，在不完全确定病因的情况下，根据自己丰富的临床经验设计个性化治疗方法，按服务内容收费。

第二类则是程序化治疗，在精确诊断后凭借日益尖端的科学仪器实施血管成形术、激光矫视、肿瘤放射治疗等内容，按结果收费。

传统的综合性大型医院往往将两种诊疗生硬地放在一个屋檐下，结果常常是经验性诊疗拖了程序化治疗的后腿，使病人在支付高成本的同时，并没有享受到高效率的服务。

而眼科护理与医疗作为比较典型的程序化治疗，其服务是可以程序化、标准化的，这恰恰是应用麦当劳模式的基础。

刚开始，第一所瑞文眼科诊所只有11张床位。随着规模的发展，诊所渐渐蜕变成了大型医院。到2007年，已经发展到5家医院及3500多张床位，并与其他机构一起形成了瑞文眼保健系统，后改名为“瑞文眼科关爱中心”（Aravind Eye Care System）。

20年间，该中心的年均手术量增长了6倍，发展成为印度乃至全球最大的眼科医院之一，由1988年的29928例增长为2007年的180991例。1976年医院设立以来，瑞文眼科一直致力于提升社区服务功能，从而将整个泰米尔纳德邦的白内障治愈率大大提高。

今天，同样的策略被应用于其他致盲眼病的教育上，如糖尿病视网膜病变、屈光不正、儿童盲等。

瑞文眼科的这种操作模式是服务业工业化操作的一种体现，具体的表现就是注重标准化、制度化，不再将企业押宝在少数技术精湛的精英（医师）之上，而是注重通过程序化、标准化的医疗服务流水线大规模地批量复制产品或服务。

如果说手术流程是瑞文将医疗服务变身工业化操作的话，价格定位则是它适应印度社会的创新之举。

瑞文眼科有三种运营模式："付费模式"、"免费模式"和"医疗营地派出模式"。

"付费模式"平均每天接待1500名门诊病人，程序包括会诊、治疗、手术及住院。病人层次不同，贫富皆有，所有的诊疗都需要支付费用。根据服务标准不同，费用有一定差异。例如病房就有6种，既有一天1000卢比（约156元人民币）的高级套间，也有一天50卢比（约8元人民币）的床位。

"免费模式"平均每天接待500名门诊病人，除了某些情况，比如需要做"人工晶状体"手术的病人，他们只需要支付"人工晶状体"的成本，而会诊和手术都是免费的。

"医疗营地"（Camps）则是瑞文眼科最有特色的一种形式：诊所派出多支医疗队，组成"医疗营"，进驻贫困地区和那些眼科医院无法覆盖到的地区，与当地社区领导者和服务组织合作，提供眼科诊治医疗服务，目的是为了帮助更多的穷人，避免可根治性失明。

在"医疗营地"中，包括转运病人，也没有任何费用。

由于诊所的高质量服务，富裕病人并不介意分层定价的存在；而大量的为贫穷病人免费则可以大幅提升手术量和诊所的口碑效应。

到2006年，共有250多万名门诊病人在瑞文眼科接受了治疗，其中2/3的门诊病人和3/4的手术，都是免费提供给穷人的。他以全印度不到1%的眼科医疗资源，完成了全国5%的眼科手术。

综合一分钟诊所和瑞文眼科的发展过程，快捷与低价是他们成功的主要原因。一分钟诊所成长为350多个诊所的连锁集团，瑞文眼科则成长为世界上最大的眼科医院之一，拥有5家大型眼科医院。一个是身处快节奏社会的发达国家，一个身处社会分化严重的发展中国家，经济发展背景差异巨大的两家诊所，都取得了成功。

看似不同的两家诊所有着相同的竞争优势：快捷、低价，这些优势是两者在“体制内”医院的夹缝中生存发展的关键所在。这两个核心优势又是如何打造出来的呢？

在自己的医疗体系内，瑞文眼科建立了被称为“手术流水线”的系统来增加手术质量和数量。比如优化患者出、入院系统，完善充实大量的手术设施及辅助人员，实时监测手术的相关设备和耗材保持工作。

18、19世纪的工业革命给制造业带来了焕然一新的面貌，产品的生产不但不再依赖于熟练工匠的手艺，反而让工匠能够更好地提高生产效率。之前，一个工人每天能生产20枚钉子，工业革命之后，通过分工和流水化作业，平均每人能够生产4800枚钉子，而且钉子的质地更加均衡统一。

瑞文眼科对医疗服务的改良与工业革命的流水线操作大同小异。在瑞文最核心的是流水化手术作业环节，一个医生一般在两个手术台上进行轮番操作。当结束一例手术后，医生马上转到同一手术室中另外一个手术台进行手术。主刀医师只负责手术，手术准备及术后的伤口缝合等由专门的护理人员来进行。这样，不仅每个医生的手术量增加了，病人的等待时间减少了，单例手术的成本也随之大幅下降。而且，每个医生在自己分工范围的流程步骤上的经验积累远远高于同行业其他医疗机构。根据美国人布鲁斯·亨得森提出的“经验曲线效应”，任何任务执行数量每翻一番，其成本（包括费用、差错率、时间等）会下降一个常量百分比。

于是，这种“手术流水线”系统就有三种直观效果：提高了手术进行的速度和数量，确保了手术完成质量，降低了手术执行的人力成本。这条工业化的“手术流水线”使得医院的工作生产率大大提升，瑞文每年的净资产收益率都在75%以上。

一分钟诊所将标准化操作做得更为彻底，直接升级为“傻瓜式”操作。针对基本体征检查、流行病预防、常见伤病诊疗等各种常见的医护内容，驻诊护士按照总部提供的既定方案流程对病患者进行医护。病人就诊的花费大大低于去医院的开销，也没有医院那么多繁冗的手续。如果有严重的病情，诊所自然会向医院转诊，使人们的工作、治疗两不误。

一分钟诊所每天接诊20个病人就可盈亏平衡，接诊30个病人就可以有可观的盈利。据统计，自2007年到2009年4月，到连锁“零售诊所”求医的美国人占总人口的比例从7%上升到了14%。

连全球零售业巨头沃尔玛也雄心勃勃宣布，要在400家分店开设“零售诊所”，并表示最终将推广至2000家分店。沃尔玛也会借助其强大的采购平台为旗下“零售诊所”采购到价廉物美的医用器械和耗材，可以进一步在服务成本上提高竞争力。这种更为简便、更为快捷的医疗服务机构的生命力似乎相当顽强。

实际上，一分钟诊所与瑞文眼科的成功不是单纯依靠工业化的“流水线标准化作业”，也不是单独依靠市场定位、定价结构、人才、技术更新中的一个或几个要素，而是所有这些要素之间完美的结合。

比如，市场的戏份与定位。导管、钳子、呼吸机……这让大型医院的医护人员每天疲惫不堪，他们的工作量基本饱和，这决定了他们不大可能与零售医疗保健提供者争夺低端、低利润客户。一分钟诊所、瑞文眼科也就避开了与大型医院的正面竞争，在“夹缝中”开辟了一个大市场。

商业模式的更新来源于先进的观念更新，还有持续性的改良。尽管两家诊所最初的商业模式是纯商业的，但随着事业的发展壮大，它们也对原有的商业模式做出了改进。例如二者都加入了医疗保险提供商体系，为客户提供更实惠的服务。对医疗政策形势的准确理解并采取相应的运营策略，也使一分钟诊所与瑞文眼科得以快速发展，并向全国迅速复制拓展。

【案例九】倍智咨询的商业模式：人力资源的“沃尔玛”

在怡安以49亿美元全球收购翰威特之后的7个月，翰威特大中华区前副总裁许锋选择了“自立门户”。现在，许锋的新业务也已开始，他为创立的倍智人才管理咨询有限公司设计了一套在国内听起来仍颇为新鲜的商业模式，也就是做人力资源咨询的“沃尔玛”。

一般而言，以一个企业的人力体系搭建过程为例，战略咨询有翰威特、美世等供应商，人才招聘有招聘门户、猎头公司等供应商，人才评测这一环节也有智尊等专业供应商，再到绩效和薪酬标准也有相关供应商的存在。

而像翰威特这样的人才架构和机制的咨询供应商，在完成宏观战略指定的第一步后，他们并不为客户提供战略的“落地”问题，这也意味着，在接下来的人才招聘、人力评测、薪酬设计、人力资源培训和管理等相关环节，公司客户仍需要马不停蹄地对接其他的专业服务机构。

而倍智所要扮演的，即是帮企业将人力资源战略指向的落地环节串联起来的角色。“我们是做RPO（Recruitment Process Outsourcing，专业招聘服务）服务的。”许锋介绍说，“倍智好比沃尔玛，如果企业只对接倍智一方，那么倍智可以把各个环节的资源整合起来，为企业提供一整套服务。”

据此，“沃尔玛”定位的倍智也开始筹划自有品牌的产品。倍智成立不久，全资收购了智尊企业管理顾问有限公司。资料显示，智尊已积累了200万个来自不同行业的企业岗位评测样本。

此次收购的意图显而易见，从IT系统评测这一块入手。不仅是“不耗人”的一块投资，而且，基于智尊数据优势能够迅速搭建各类岗位的常态模型，建立倍智自身的人力筛选标准体系。这也是倍智的核心竞争力所在。

至于简历收集、高管挖角这些环节，则完全可以交由“发达”的招聘门户和猎头公司来完成，只要倍智这台“人力筛选机”够准够快。

“我们作为一个初创型公司，在扩张的过程中没有必要去一线城市竞争。”许锋想让公司以二线城市包围一线城市的策略去争取客户。因此，在他的规划中，华北的天津、西部的成渝板块及海西区的福建等地是倍智成立之初重点布局的市场。

在许锋锁定的市场中，中小企业正是倍智首先要争取的客户群。“相对而言，他们的组织架构设计不会很复杂。”

在翰威特，许锋曾被誉为是最了解国内民营企业家的人，这正是他创业的基石。

RPO是指企业将招聘需求外包给第三方RPO专业公司来完成，RPO服务供应商管理企业内部招聘的整个流程。RPO服务和常见的招聘外包的最大不同在于，他提供的是快速直通车式的服务。

在这种服务中，企业外包的是内部招聘的整个流程。所谓整个流程，是指从得到一个或成百上千个具体的需求职位或储备职位的描述，到分析用人理念和职位需求、与用人部门负责人沟通，筛选简历、人才测评、面试，直到有合适的候选人上班的所有环节，其中包括员工、技术、方法和报告。也就是说，RPO服务提供的是“起点到终点”的一站式服务。

Taleo公司（纳斯达克股票代码：TLEO）是一体化人才管理解决方案领域的知名供应商，支持不同规模的企业更好地了解和聘用最佳人才，以提高业务效率。全球有4100多家企业使用Taleo公司的产品，用于人才招聘和绩效管理，其中包括财富100强中的46家企业及全球200多个国家和地区的3400多家中小型企业。

据Taleo公司介绍，其人才管理平台因强大的可配置性和可用性闻名于世，并在世界级的基础设施上运行，有效率达99.9%。Taleo公司的“人才网格”管理着Taleo公司用户、应聘者及合作伙伴的资源，满足全球企业招聘人才的需求。倍智就是中国的Taleo。

六、零售业如何创新商业模式的5个步骤（适用于所有零售业、经销商、连锁企业）

如果希望成为一个预知趋势的专家，那你就得多看电影、多听流行音乐、多留意零售业的走向。

在市场中，没有哪个行业能比零售业更敏锐感受到趋势的变化。零售业往哪个方向走，国家就往哪个方向走。问题是，零售业究竟会往哪个方向走呢？

一言以蔽之，就是专业化。

今天百货公司何以如此没落？批评者通常都把矛头指向百货业本身，认为他们不够重视顾客服务，赶不上潮流，价格定得离谱，管理不善，等等。就某个程度来看，这些因素都没错。但难道说因此顾客就不去百货公司了吗？

当然不是。今天，越来越多的人转向专业店购物。所以百货公司没落问题不在于百货公司，而在于专业店。凝聚经验焦点的一方又占了上风。商场上的原则是，谁的经营焦点较集中，谁就是赢家。不管你从事的是什么行业，这个原则都是通用的。

很多零售业专家都认为，百货公司的黄金时期已然过去，仍然继续经营势必会承受源源不断的压力，想方设法节省成本，才能维持生存。可以预计，未来会有更多的百货公司关门。

但这并不表示所有百货公司都不能成功，就绝大多数产业而言，即使市场不大，但它始终存在。在没落行业中幸存的优势是，你可以发展出一种“半垄断”的状态，因为，进去的人比较少，出来的人比较多。

今天马匹功能几乎已经完全被汽车代替。但是马鞍、马勒、缰绳的价钱仍然很贵。理由是市场小，竞争微乎其微。汽车4个轮胎的价位与4个马蹄铁的价位差不多，但轮胎的寿命比起只能用4~6周的马蹄铁可要长得多了。

现在每年有上百万只蜡烛被点燃。桌子上没有蜡烛的浪漫晚宴是不完整的。个人用的蜡烛每支售价20~30美元，比一个电灯泡要贵得多。

东莞有一家做大型收音机的公司，收音机可以卖到2500~3000元一台，成本也就300多元，比10台计算机的利润还高。

马具、蜡烛，大型收音机之所以能卖出如此高的价钱，原因是它们属于夕阳产业，处于半垄断状态，在它们的领域里，竞争微乎其微。

很多专卖店都是因凝聚经营焦点而成功的。

- 运动鞋店：耐克、阿迪达斯；
- 运动超市：迪卡侬、劲狼体育、跨世体育、华昌体育；
- 婴儿用品：黄色小鸭、拉比、史努比、好孩子；
- 床上用品：富安娜、梦洁、罗莱家纺；
- 图书馆：贝塔斯曼、文轩书店；
- 电器：国美电器、苏宁电器、百老汇；
- 家具部：宜家、百安居、欧倍得；
- 珠宝部：琉璃工房、周大福；
- 女性内衣：戴安芬、爱慕；
- 床垫：长城、八益；
- 男士西服：观奇洋服、杉杉西服；
- 玩具店：玩具反斗城、芭比娃娃；
- 厨具：方太、德意；
- 地板：欧典地板、欧派地板；
- 美容保健产品：香港卓悦、莎莎；
- 个人生活护理用品：屈臣氏、无印良品。

这些成功的商店都是只做一类产品、凝聚焦点后的结果。

下面来说说零售业脱颖而出的5个步骤（其中每个小步骤又包含若干案例）。

（1）凝聚焦点；

（2）广泛进货；

（3）廉价买进；

（4）廉价卖出；

（5）取得主导权。

1. 凝聚企业的经营焦点，大规模提升利润

【案例一】道法自然的聚焦战略

企业的竞争和大自然的很多规律是一样的。

自然界，地球上最高的植物是什么？红杉。2007年8月份的时候，科学家在美国加州国家公园发现了一棵目前为止最高的红杉，超过1600岁，有115米高。

地球上最大的动物是什么？大象。一般来说，一个成年大象的体重是4～5吨。

地球上最高的动物是什么？长颈鹿。身高6米，体重1吨。

那么地球上最强的动物是什么？虎。其中最大的是西伯利亚虎，体长4米，体重只有380千克。

在一个生态链里面，动物吃植物，食肉类动物吃掉食草类动物。作为老虎，与红杉、大象、长颈鹿比较起来，无论从重量、身高、体长，老虎都不是第一名的，但是这个矗立在食物链最顶端的生物，不是因为更大、更高、更重，而是因为更强。

【案例二】麦当劳标准化的前提，聚焦战略

以前有一首民谣是这么唱的：太阳落山，霸王别姬，巨人倒下，飞龙折翅，三株枯萎，秦池病重，幸福痛苦。这些都是中国企业现象的精彩写照。

麦当劳是运用焦点策略很成功的案例。它把焦点只放在25项产品上，试问，中国哪家餐厅只有区区25项菜单？有哪家餐厅能有麦当劳的规模？又有哪家餐厅能有麦当劳的利润？在它的25项产品中，最赚钱的是什么？不是汉堡包、麦香鱼、薯条，而是可口可乐。按照常人的思维，肥水不流外人田，如果一切都自己来做，那么麦当劳就不可能有今天的规模。你什么都做，什么都不是。而中国的食品餐饮公司，没有几家菜单在40种以下的。

可口可乐公司，它的产品很少，主要只有三个：可口可乐、雪碧、芬达。但是它就能风行全世界，它就能卖遍全球。

杨澜的阳光卫视的《名人访谈》如果什么名人都要访问，那么就失去焦点。

新加坡有个做保险的，他只做高端客户，定位高端，锁定高端，他的客户只有37个，但是业绩却非常好。

我有个在深圳做“安利”的学员，皇冠大使，2002年开始做“安利”，现在做到皇冠大使，他选择他的合作伙伴有一个原则，就是只找老板，结果他超越了很多行政钻石。

孔子曰“逐二兔，不得一兔”，孟子曰“鱼和熊掌不可兼得”，老子曰“多则惑，少则明”，佛曰“舍得，舍得，有舍才有得”。其中的哲理可以运用到任何一个领域包括每个人的生活，在商业世界更是如此。

聚焦思考让当年的戴尔赢利颇丰，一个产品——个人电脑；一个市场——商务市场；一个渠道——电话直销。结果不同凡响地出奇制胜。

聚焦现有产品的某个部件，也可以脱颖而出。比如卖电池可以比卖电器更赚钱，结果出现了金霸王；卖胶卷可以比卖相机更赚钱，结果出现了柯达；卖软件可以比卖硬件更赚钱，结果出现了微软；卖芯片可以比卖电脑赚钱，结果出现了Intel。

我们的普通逻辑认为，你的产品线越多，你的销售渠道越多，你涉及的细分市场越多，你售出的产品就越多，获得的利润就越高。但事实并非如此。

所有企业都面临一个问题：我的产品明明有很多的优点，为何只选择一个？我的品牌明明在多个领域中都有市场份额，为何要放弃其中的一些？这些疑问似乎不无道理，但我必须说明的是，营销并非做数学题，品牌的竞争力也并非简单的“1＋1＝2”。

【案例三】两大手机行业竞争比较

诺基亚以前在芬兰什么都做，20世纪90年代停止了扩张，将它们通通卖掉，并聚焦手机市场。1998年，诺基亚卖出4000多万部手机，超过摩托罗拉，跃升为全球第一的手机生产商。

与此同时，摩托罗拉却朝着相反的方向走去，涉及传呼机、半导体、有线电视机顶盒、计算机等多个领域。

在过去10年里，摩托罗拉销售总收入为3293亿美元，诺基亚为3701亿美元。两者在销售额上十分接近。

同样在过去的10年，摩托罗拉净利润为54亿美元，净利润率为1.6%；诺基亚净利润为440亿美元，比摩托罗拉的7倍还要多，净利润率达11.9%。

摩托罗拉在股票市场上价值为90亿美元，诺基亚为482亿美元，是前者的5倍以上。

在国际品牌集团全球最具价值品牌排行榜上，摩托罗拉以37亿美元排在第87位，诺基亚以359亿美元价值排名第5。

【案例四】体育品牌竞争分析

中国体育用品品牌犯了一个基本错误：他们观望着市场领先者，领先者怎么打造品牌，他们就怎么打造品牌。跟随者的思维是因为“领先者一定知道怎样做最有效”。

那么，耐克是怎么做的呢？

耐克现在为15项运动生产运动鞋：水中运动鞋、赛车鞋、棒球鞋、篮球鞋、自行车运动鞋、拉拉队体操鞋、综合训练鞋、女子健身鞋、橄榄球鞋、高尔夫鞋、跑鞋、足球鞋、网球鞋、排球鞋和摔跤鞋。

中国体育用品企业也应该为15项运动生产15种不同的运动鞋吗？模仿者的逻辑是：当然！

于是，李宁跟着推出了篮球、网球、跑步、健身、足球、乒乓、羽毛球、运动生活、户外等系列产品；安踏除了上述系列产品之外，还于2008年年底先后推出了安踏儿童系列产品和安踏时尚运动系列产品，现在安踏公开宣布自己有1481个品种。

但是大家请注意：耐克的成功并不是推出一大堆产品开始的，而是从生产一种类型的鞋子开始。一种鞋子成功，整个耐克品牌都成功了。这正是李宁、安踏等公司应该采取的战略，一个产品出名了，才会带动这个品牌出名。

锐步是美国运动服市场上使自己出名的第二个品牌，锐步是怎么做到的呢？它的战略和耐克如出一辙，就是成为第一。锐步是第一个推出女性运动鞋的公司，其他品牌的运动鞋用的是帆布材料，锐步在运动鞋面上用了皮质材料，使女性穿着感觉更加舒适。在很长一段时间里，耐克和锐步分列美国运动服饰市场上的第一、第二品牌。

当然，今天是耐克和阿迪达斯主导了全球的运动服市场。2008年，耐克的年收入为186亿美元，净收益19亿美元，净利润率为10.2%。阿迪达斯的年收入为152亿美元，净收益8.17亿美元，净利润率为5.4%。

换言之，领先品牌耐克的利润率几乎是第二品牌阿迪达斯的2倍。这在大多数品类中也相当具有代表性，领先品牌的收益通常比第二品牌要高很多。

所以要成为领先者，公司必须聚焦在一个突破性的产品上，生产全线的高质量产品是无法让你成为领先者的。

意大利有家制鞋企业叫Geox公司，设计一款“会呼吸的鞋子”。普通运动鞋容易出汗，但是这个鞋子可以解决这个问题。Geox试图把这个创意卖给耐克或阿迪达斯，但都没有成功。如今，Geox因聚焦于“会呼吸的鞋子”而大获成功。2008年，该公司年收入11亿美元，净收益1.81亿美元，净利润率达到16.5%。

在李宁和安踏的发展历程中，它们曾经有过很好的机会可以在某一品类上实现对耐克的单点突破，比如李宁的跑步鞋和安踏的硬地篮球鞋。遗憾的是，在短暂的成功之后，李宁和安踏随即走上了全面跟随耐克、全线产品扩张的模仿之路，丧失了这个机会。

【案例五】舍得的艺术，管理好自己的欲望

贾宝玉为什么最后走不出大观园出家了？因为天天在美女丛中，这个妹妹也好，那个妹妹也好，眼花缭乱。我们认为，身边有一朵花开了，这叫美丽；有一片花开了，这叫惊喜；身边到处都是花，这叫折磨。机会太多折磨人，选择太多就没选择，路太多，就不知道怎么走了。

所以道家为什么要讲清心寡欲，儒家为什么要讲严格自律，佛家为什么要讲认真修行，为的就是管好自己的欲望，在简单生活中获得更多的幸福感。所以幸福常向止中求，你得学会管住自己的欲望。

伟大的人不仅会领导好别人，更是要管理好自己。

《老子》曰：知人者智，自知者明。

《易经》曰：战战兢兢，如临深渊，如履薄冰。

《大学》曰：知止而后能定，定而后能静，静而后能安，律而后能得。

人生要想有所得，必须要从知止开始。知是什么？知是理性的觉醒和回归；而止是什么？止就是明白自己行为的边界在哪里。

要想拥有舍得的心态，需要管理好自己的欲望。

做大事业的人真正的挑战是自己。学会给人生做减法，十样会不如三样好，三样好不如一样绝。

【案例六】 汽车产业的竞争关系

自然界处于不断循环之中，天气好的时候，雨水及时，会带来作物的大丰收。但是当气候变得糟糕、土地遭遇干旱时，又会是什么情况呢？适者生存。只有生命力最强大、根基最深的植物才能生存下来，等待将来的某一天进行繁衍。

商业界的更替同样如此。在经历了一段时期的经济繁荣之后，商业界如今正面临着经济的“干旱期”，只有那些真正强大的企业才能在经济再次复苏时独占鳌头。

问题的关键是你想成为哪种企业？每一次经济萧条的时候，说来很具有讽刺性，那些面临着最大麻烦的企业，正是那些疯狂延伸产品和品牌、追求多元化的大企业。

拿通用汽车来说，它曾长期是世界上最大的企业，但是通用汽车今天已经破产了。

2008年，通用汽车的收入为1811亿美元，亏损达到387亿美元。在过去的10年中，通用汽车的收入为18466亿美元，亏损达到289亿美元。

18466亿美元，或者说1.8万亿美元这个数字有多大？它比一些具有相当规模的国家一年的GDP还要多：俄罗斯1.7万亿美元，巴西1.7万亿美元，韩国1.2万亿美元，西班牙1.1万亿美元。

我们再来看看保时捷，它的企业规模只是通用汽车的一小部分。尽管同样受到了危机的影响：但2008年保时捷的销售额为102亿美元，净利润超过了17亿美元，净利润率为17.1%。

通用汽车什么都生产，只要是4个轮子的产品，都有通用汽车的品牌。而保时捷只生产跑车，仅此而已。保时捷获得了令人难以置信的收益，而通用汽车则毫无所获。你想努力成为保时捷还是通用汽车？

在美国和中国，大部分企业想要成为通用汽车。他们想推出新品牌、增加新的品类、扩张分销点，结果扩张成了企业最高管理层的首要目标。几十年的经济衰退得出的结论是：扩张导致毁灭。企业所要做的只是站到扩张的对立面，让你的品牌更专业。

经济萧条已经压垮了那些过度扩张的美国企业巨头：

- 花旗集团曾经是美国最大的金融机构，如今却深陷困境，只能靠政府720亿美元的注资才得以生存。
- AIG曾经是美国最大的保险公司，如今也深陷困境，只能靠政府1500亿美元的贷款和400亿美元的直接投资才得以生存。
- 美国银行曾经是美国最大的银行，如今也深陷困境，只能靠政府200亿美元的投资和1180亿美元的贷款保障才得以生存。
- 美国五大航空公司中有四家已经破产，仅存的一家美国航空也在亏损中。在过去的10年中，美国航空的收入为1952亿美元，亏损43亿美元。

结论：美国最大的航空公司、最大的银行美国银行、最大的保险公司AIG、最大的金融机构花旗集团和最大的汽车生产商通用汽车都陷入了困境，而且都出于同一个原因：它们在本应该紧缩品牌的时候却做了相反的事情，进行了扩张。

对于美国三大汽车巨头所存在的问题，《华尔街日报》曾有一篇长达2000字的文章试图给出答案。文章指出，问题的关键在于底特律的劳动力成本过高，通用汽车给予员工的医疗保障过高，通用汽车没有生产消费者想要购买的汽车产品。这也许是媒体界和企业界的共识，人们都认为这些因素导致了三大汽车巨头的巨额亏损。

然而人们至今还没有真正意识到，根本的原因在于美国三大汽车巨头长期以来未能采取正确有效的营销战略。

如果在美国制造汽车的成本过高是问题的关键所在，那么德国汽车业早就应该宣布破产了。德国是世界上劳动力成本最高的国家，这个国家生产的任何产品的成本都比在美国生产的成本要高出17%，然而，奔驰和宝马这两个全球最强大的汽车品牌的总部都在德国。

德国汽车企业和美国汽车企业有什么区别呢？德国汽车企业的营销战略符合建立品牌的规则，而美国企业看起来只是在生产汽车，这二者有天壤之别。在《商业周刊》评出的全球最具价值的100个品牌排行榜上有11个汽车品牌，其中有5个来自德国：奥迪、保时捷、奔驰、大众和宝马。

通用汽车有几个品牌位列最具价值的品牌榜？很不幸，一个也没有。

通用汽车的领先品牌是雪佛兰，而且一直在做广告宣传。在过去的10年中，通用汽车花费了71亿美元用于雪佛兰的广告费。《变形金刚》全球上演的时候，让雪佛兰的销量大幅度提高，但这又能怎么样呢？如今，通用汽车在股市上的市值仅为23亿美元。

通用汽车的问题出在哪里？它没有建立品牌。什么是雪佛兰？雪佛兰可以是大型的也可以是小型的，可以是便宜的也可以是昂贵的，可以是轿车也可以是卡车。如果你把品牌名称放在所有产品身上，这个品牌最后就没有任何价值了。

很多世界500强的CEO认为品牌的知名度等于品牌的价值，柯达10年前在全球品牌榜上排在50多位，现在它连前100位都排不进去，难道说柯达的知名度降低了吗？因为柯达代表传统胶卷，而未来是数码的世纪，不过柯达也在转型。还有人认为品牌的美誉度就等于品牌的价值，雪佛兰美誉度非常高，但不意味着这个品牌有价值。品牌有价值只有一个办法，就是让你的品牌=“××”，比如王老吉=“败火”，沃尔沃=“安全”，易中天=“三国专家”，海飞丝=“去屑”。一流的企业不是卖产品，也不是卖服务，而是卖你在消费者心目中的印象，也就是你的品牌定位。

如今，在每年的品牌价值排行榜上，100个全球最具价值品牌中有52个美国品牌，其中只有一个汽车品牌，那就是福特。实际上，我们认为福特在美国市场上有一个潜在的定位，他是皮卡的领先品牌。如果你说"我想要买一辆皮卡"，很多人都会首先想到福特。事实上，2008年福特的皮卡销量超过了包括雪佛兰、丰田、道奇、本田和GMC在内的任何一个品牌，销量超过100万辆，福特的品牌应该聚焦于皮卡。

在美国轿车领域，丰田是领先品牌，曾经超过本田、雪佛兰、福特、尼桑和现代。说到可靠性，人们会说"是丰田"。说到混合驱动，那就是丰田的普锐斯（Prius）。说到年轻派的，那就是丰田的塞恩（Scion）。说到豪华轿车，那就是丰田的雷克萨斯。丰田旗下的每一个品牌都有一个清晰的字眼。

事实上，丰田的4个品牌都是领先品牌。丰田主导了普通轿车品类，普锐斯主导了混合驱动汽车品类，塞恩是领先的年轻派品牌，雷克萨斯是领先的豪华汽车品牌。

通用汽车旗下有8个品牌：土星、雪佛兰、庞蒂亚克、别克、凯迪拉克、悍马、萨博和GMC卡车。然而这些品牌在什么品类中处于领先地位?没有，一个也没有。8个品牌中没有一个是领先者，这对于通用汽车这样一个大企业而言是个极其严重的战略问题。

长城汽车依靠生产皮卡起家，长期占据中国皮卡领域第一的位置，并在运动型多功能车领域取得领先地位。随后长城投入巨资进入MPV、小型轿车领域，但遗憾的是市场反应非常糟糕。

长城汽车不应该试图让自己成为一个大而全的汽车生产企业，首先需要做的是从顾客心智的角度评估自己的战略，对所进入的领域进行取舍。

比亚迪曾经是一个电池生产商，在2005年进入汽车行业，推出了售价在

3~5万元人民币的F3系列。聚焦产生了力量，在2008年，F3成为所在品类中领先的国产汽车品牌。本该继续聚焦于F3，但比亚迪并没有这么做，相反他推出了FO（售价在3~4万元人民币）和F6（售价在8~15万元人民币），同时还计划推出F3R、F4、F5和F8系列。我们认为，长期而言，这对比亚迪来说不是好的开端。

比亚迪公司总裁王传福宣称，到2025年比亚迪将成为全球最大的汽车生产商。即使如此又怎样呢？通用汽车曾经是全球最大的汽车生产商，看看这个企业发生了什么？破产了！

【案例七】春兰空调的教训

2000年以前，春兰是中国最大的空调生产商，1994年度净利润是6亿元人民币。可是春兰想长大，所以它走进了摩托车、卡车、重机设备等领域。2007年，春兰年报披露了4亿元亏损。连续三年的赤字之后，春兰被停牌。

你可能以为春兰该吸取“聚焦”的教训了。事实上不是这样，至今春兰的领导仍然不认为延伸到其他领域是错误的，他仍然认为多元化是使企业做大的必然选择。春兰应该怎样做呢？专注于空调制造并放眼全球，做“中国最大的空调生产商”。

强有力的品牌并不源自它的产品一定比竞争对手优质，而是它主导了一个品类。

- 微软是个强有力的品牌，因为它是个人计算机软件这个品类的全球领先者。
- 可口可乐是个强有力的品牌，因为它是可乐这个品类的全球领导者。
- 麦当劳也是个强有力的品牌，因为它占据了快餐品类的全球第一名的位置。

春兰应该专注于空调这个它曾经具有领导力量的品类上。试想，如果在你具有领导力的品牌类型上都无法成长，那么在没有领导力的品牌类型里你又如何成长呢？

格力现在是中国空调市场的领导者，占有至少30%的市场份额。格力之所以能够战胜春兰、海尔、TCL、科龙这些品牌，是因为它专注于自己的品类，而竞争对手却一直在搞品牌的延伸。

【案例八】茶饮料竞争的误区

对于茶饮料来说，从局部来看，当前的领导者康师傅和统一都显得无懈可击，但从整体来看，这两个品牌都存在一个严重的缺陷：两个品牌都是延伸品牌。以康师傅为例，这个品牌不仅有瓶装茶，还有方便面、瓶装水、饼干等产品。通常这种策略在竞争不激烈的情况下是有效的，一旦市场上出现专家品牌，专家品牌就会占优势。

康师傅使用了品牌延伸策略，10年来，康师傅在茶饮料市场的地位也越来越稳固。但需要清楚的是，这并非品牌延伸策略的功劳，而是得益于竞争对手也采用了相同的策略。

来看看康师傅的竞争对手们：

- 统一：绿茶、冰红茶、奶茶、咖啡、果汁、方便面、瓶装水；
- 娃哈哈：绿茶、红茶、纯净水、方便面、AD钙奶、童装；
- 今麦郎：方便面、绿茶、红茶；
- 达利园：青梅绿茶、法式小面包、优先乳；
- 天喔：普洱茶、铁观音、瓜子、干果；
- 三得利：乌龙茶、啤酒、果汁、维生素水；

• 农夫：果汁、天然水、茶饮料。

你会发现这些品牌都是延伸品牌，这些企业最典型的想法是：既然领导者康师傅和统一都可以这样做，我为什么不能呢？你当然可以这样做，但这样做的结果是，当大家都是延伸品牌时，竞争又重新回到了同一起跑线上，这对领导品牌是有利的，康师傅先入为主的优势就得到了充分体现。

因此，聚焦是5个步骤中难度最大的一个，因为它和一般人的直觉不符。绝大多数的经营者和企业总是在寻求各种各样的产品种类。

如果你希望成长速度加快，你应该紧缩产品线，减少你的产品种类。这说得通吗？照理说，普通的逻辑是：希望成长速度加快，产品种类、服务项目也应该增加才是。

但是合乎逻辑的做法不见得完全正确。有时候，多就是少，少就是多。如果你希望能高速成长，首先，你就必须凝聚你的经营焦点，也就是你贩卖的产品的范围要比竞争对手更加集中。

【案例九】聚焦玩具，玩具反斗城的超常规发展的商业模式

德国有一家玩具反斗城，是德国规模最大的玩具零售商。这家玩具店开始是靠贩卖儿童家具起家的。规模大了以后，它的创始人查尔斯要增加附加产品。所以，他们最初的名号是：儿童超市。

那么，问题来了。一家儿童超市该如何寻求成长呢？显而易见的答案是加卖儿童服饰、儿童脚踏车、儿童尿布、婴儿食品等，也就是增加商品的种类。但是查尔斯可不这么做。他舍弃儿童的其他方面，只做儿童玩具，结果开设了一家规模更大、只卖折扣玩具的商店。

换句话说，他把经营焦点凝聚在玩具上，结果，不同凡响的做法出奇制胜。所以《福布斯》杂志会称查尔斯是“当代最有智慧的零售业者之一”。玩具反斗城开创了一种模式，也就是一种零售业者想在该行业中脱颖而出必须采取的商业模式。

2. 广泛进货，形成规模经济

玩具反斗城模式的第二个步骤是广泛进货。一般圣诞节前，百货公司可能会进3000种左右的玩具。但是玩具反斗城每周基本进货类别则在18000种左右。多样性是玩具反斗城得以占领德国玩具市场1/5份额的原因之一。

Bed Bath & Beyond的贩卖焦点集中在床上用品上。它提供了3万种不同的商品选择，但价钱是百货公司的6~8折，该公司的年营业额每年增长30%。

广泛进货是一种重要的概念。但你在实施这个步骤之前，必须要凝聚企业的经营焦点，这样才能产生广泛进货的结果。因为如果你的焦点过于广泛，你根本做不到广泛进货。

一家百货公司即使它的规模再大，也处理不了18000种玩具，也处理不了30000多种床上用品。广泛进货是后起之秀，这也是玩具反斗城、Bed Bath之所以能后来居上、成为产品类别中佼佼者的原因。

如果你想致富，就到零售店逛逛，看看货架上出现了什么新货色。你不妨问自己，如果你选定这种商品，广泛进货，然后建立全国专业连锁体系，扮演整个类别的主导角色，也就是做这个细分市场的龙头老大，会是什么局面呢？答案肯定是不可思议的。

过去，要买电视机就上百货公司，但今天，像国美、苏宁电器这样的专卖店才是一般人选择买电视机的去处。

过去，你买面包会去杂货店买，但今天，你会去好利来、味多美买。

专业店之所以能够成功，多半是采取广泛进货的策略。

普通杂货店会贩卖几种不同的面包，但是好利来面包店会贩卖超过50种口味、形式各异的品种。

一般西餐厅只卖十几种咖啡：拿铁、美式、意大利等，但是星巴克的咖啡多达30多种。

同样的咖啡店里所贩卖的冰淇淋也不过三种口味：草莓、巧克力、香草，而哈根达斯的冰淇淋则超过50种。

那么规模较小的个人商店要怎样做才能与玩具反斗城这样的类别竞争呢？广泛进货就是一个很好的办法，而且能免受全国性大连锁店的竞争之害。

【案例十】李文锁城，聚焦锁类，广泛进货，获得成功

李文在一个相对冷门的细分市场里，逐渐做出了规模化的大生意，并享受着高利润率。

位于北京的李文锁城，乍一看生意似乎并不好。这家店里有6名店员，但顾客很稀少，面积多达500多平方米的店铺，只有不到10名顾客在闲逛。另外位于十里河灯饰城的另一家李文锁城，顾客仍然不多。传统的零售业素以客流量论高下，以此观之，李文锁城呈现出的表象并不乐观。

但事实让人吃惊，从1997年创立至今，李文锁城已经成为国内锁具五金行业最大的连锁企业，经营的锁具品种达到4600多个。2009年的销售额接近3亿元，在全国有300家店铺。

李文锁城在北京只有3家店铺，但2009年的销售额超过了1000万元，利润率高达30%。客流不多但销售额与利润居高不下，李文锁城成功的奥秘何在？

店铺里顾客稀少而业绩却颇高，是因为在他们的整个收入中，零售只占一部分。比如，北京分公司的零售比重只有20%，剩余80%都是由大客户销售和开、修锁完成的。也就是说，李文锁城利润来源于三块：店铺零售、与装修公司及房地产商合作的团购，以及开锁、修锁业务。

李文锁城聚焦锁行业，然后广泛进货，而且凭借上游货源的优势，中间环节少，加上规模化配送带来的周转期快、物流成本低，让李文锁城的价格最终能比市场上同样产品低了15%甚至20%。在经营模式上，李文锁城犹如家电领域的国美电器。品种全，再加上价格低，李文锁城在与装修公司以及房地产商的谈判中多出了品牌优势。如今，在李文锁城整个收入构成中，大客户销售与开修锁业务占到了3/4以上。

冷门行业竞争少，锁具虽小，看起来也不起眼，但从古到今，哪个家庭不用锁？只要用心做，把他做专业，就没有哪个行业做不大。

【案例十一】一家聚焦女子百货，创新的商业模式

这家北京时尚新世界女子百货里全是男服务生，就连内衣区也不例外。女子百货的创始人是香港富商、周大福创始人郑裕彤之孙郑志刚。郑志刚，1979年生人，一张“娃娃脸”，处事低调，一直是香港媒体眼中的神秘阔少。外界熟知郑志刚，始于2009年11月他的盛大婚礼，据传总花费高达1.4亿港元，可谓奢华至极，噱头十足，被香港媒体称为“阔少亮相的成功案例”。

而这家位于北京崇文门宝鼎中心的女子百货，仅筹备就耗时33个月。不过，由于定位为“性别百货”，郑志刚的大手笔主题百货模式却备受京城人士质疑。

为什么？因为女子百货根本就无成功案例。20世纪90年代初，北京马甸桥便有试水者英斯泰克女士商城，但货品平平，不出两年便关门谢客；2001年，北京王府井女子百货以“创造女性消费梦工厂”名义亮相，但随后经营方向多样化，终于2007年1月消失；2007年12月，京城出现了首家男性购物主题百货“绅士馆”，但市场反应平淡。

既然如此，为何郑志刚领衔的新世界偏偏要“步前人之履”，再次挑战女子百货呢？

首要一条，女子百货既然为“女上帝”服务，服务生当然全部都应该是男人！这也是女子百货的特色。

于是，“女上帝”们看见的，便是清一色的身穿黑色T恤、带金属链子的银色马夹、黑裤子，头戴草帽的男服务生们。即便是去购买一款胸衣，想询问下拢胸效果、罩杯要求等“敏感话题”，也是男导购的事儿！

除了这个特色，4万平方米的经营面积，郑志刚部署了国内首家女性书馆雨枫书馆，开设了国内第一家百货宠物店，郑志刚邀请了特力屋、Lavera、格兰玛佛兰等百货业鲜见的知名品牌强势入驻女子百货，这些都是女人想要的！

当然，最关键的还是要让“女上帝”们乐意掏钱，并且还要经常来掏钱。新世界制定了一种“复合型商品战略”，比如，一位“女上帝”喜欢Esprit，她在其他百货可能只能买到衣服，或只能买到床单，而在新世界女子百货，她可以从床单、衣服，一直买到内衣，无所不包，全是Esprit。事实上，在整个女子百货，同一个公司和集团的牌子都被安排在一起出售，而非一般商场按照商品的种类打散陈列。这种“工厂店”传递的信息是：如果你喜欢一个牌子，来女子百货一定是最全的……

一些打破常规的布局也凸显着郑志刚的“集客”思考。在其他百货店，一层一般是大品牌的化妆品、女鞋，但郑志刚的新世界女子百货却在一层显著位置安排了几十个品牌的“一口价饰品”，销售9元、21元的耳坠、耳钉、挂饰、头饰、帽子、手链、项链、丝袜……主题百货的主题核心是为了“集客”，而这样的小铺恰恰是“女上帝”们的最爱，为什么不做？而且，为了凸显这些饰品的流行，很多饰品都是性价比很高的、出现于热播韩剧、美剧中的道具饰品。

应该说，作为一家主题百货，女子百货对女性需求做足了概念功夫。

女子百货还通过“星座小王子”现场讲座、“GAGA彩绘活动”、“餐厅星级厨师教授厨艺”积累人气……几乎每一天，女子百货都会涌现多个话题营销事件，准确分析消费者购物心理的同时，更实现了细分个性化服务。新世界百货在北京早有根基，会员数高达20万人，女性会员更高达15万人，新世界与会员之间存在较密切的客服关系。当某个“星座达人女上帝”知晓了“星座小王子”的现场讲座，她就有可能光临女子百货，而相当一部分的女性都是星座迷。这其实是一种俱乐部营销，将女子主题进一步集中化、组织化了。

那么郑志刚现在唯一要做的，就是想办法让女子百货进行标准化。那么如何才能实现真正的标准化呢？只能聚焦高端女子百货，然后广泛进货，方能取得阶段性的成功。

【案例十二】“一伍一拾”聚焦10元钱的千万生意，年收入近亿元

“一伍一拾”的创始人叫作王山。王山对小商品有着特殊的感情，他的第一个10万元是从小商品批零经营中挣到的。和成千上万的小商品经营者不一样，大学毕业后曾在一家日本贸易公司担任过总裁助理的王山很早就意识到品牌的重要性。2000年，王山经营“上海均一”小商品特卖会，专卖价格为10元、15元的商品。当时的“上海均一”几乎进入了上海所有的中档百货公司。生意最好的时候，“上海均一”在10天之内把汇金百货的小商品特卖会营业额做到了55万元。

当时在义乌小商品市场进货，王山每周都带着10万元现金跑去采购，繁忙之际一周要去两次。通过频繁的跑动，王山总结出一个规律：“这里的产品质量没有保证，但肯定可以保证的是有20%~30%的次品。”为了保证商品质量，采购来的每件商品必须经过检验。电吹风，一个个吹五分钟；打火机，每个点10次，检验合格才拿去卖，不良品种扔掉。“关键是我卖得心安理得。”王山说。

“上海均一”除了做商品特卖外，还经营着另一份生意：从1997年开始帮日本百元店采购小商品。每个月，王山经手的上百种小商品源源不断地运往日本，然后上架到百元店。踏实的王山一干就是10年。

这10年的小商品采购和外销经验，让王山对国内外的小商品市场早已熟稔于心，更看着日本百元店短短几年时间快速扩张到3000多家的规模。日本百元店的最大特色在于经营一律为100日元（约合人民币7元）的创意性日常生活用品，可谓物美价廉。

在王山看来，日本百元店之所以能快速抢占日本市场不外乎两点：①大众化的消费者定位；②能源源不断地提供有创意而又价格实惠的小商品。

看着百元店的快速扩张，王山又在中国市场找寻到另一份商机。他早就意识到在中高档百货做小商品特卖会不同于开专卖店，会有一定的周期限制，毕竟每家百货公司不可能每月都分给一家品牌做商品特卖。

做中国小商品专卖店的想法出炉后，王山就开始关注国内外相关行业的市场情况。他了解日本的杂货品牌无印良品、有"中国特色"的药妆店屈臣氏等品牌的做法和商品分布结构。但它们的定位跟以品优价廉的"创意家居生活用品"为主题的百元店概念又完全不同。

王山深知像日本百元店在短期内拓展出偌大一个市场不容易，没有充足的资金、完善的渠道、稳固的销售平台，再美好的愿望也难以实现。当王山为开连锁店遇到的难题一筹莫展之际，还有一方也在被同样的问题所困扰，他们就是做家居用品的冠福集团。为了进一步拓展市场，增强赢利能力，冠福希望通过扶持一个自有的家居终端品牌来加速终端渠道的建设。

2007年5月，王山在朋友的引荐下结识了冠福集团。王山有做"百元连锁店"的创意和经营小商品的经验，却缺乏资金和稳固的平台，冠福有充足的资金和良好的渠道又找不到合适的品牌，双方一拍即合，最后决定成立上海智造空间，由冠福家用（股票代码：002102）子公司"五天实业"控股80%，王山持股20%。

双方敲定合作之后，随之而来的便是5个月紧锣密鼓的筹备工作。2008年10月，第一家"一伍一拾"门店入驻上海市五角场商业中心，面积还不足100平方米。随着规模的扩张，现在江、浙、沪地区已有40多家门店。目前"一伍一拾"门店平均面积为300平方米，还在尝试1000平方米的旗舰店，2010年上半年销售收入达到4500万元。

在做“一伍一拾”的过程当中，王山主导对日本百元店模式做出改进。把百元店单一的定价聚焦在以5元、10元、15元价位为主，即每逢5元递增的阶梯式定价模式。王山针对百元店主营厨房类、纺织类、装饰品类为主的商品结构做出调整，让“一伍一拾”的小商品更具有差异化。他发现中国消费者对日常家居生活用品更加青睐，于是将“一伍一拾”的商品结构调整为以经营家居用品为主、洗化用品和食品为辅。

也就是说，“一伍一拾”主要是聚焦在家居用品上面，然后广泛地进货，而且价格非常有差异性。

针对国内不少小商品生产商不够重视商品细节的习惯，王山要求供应商对商品进行细化处理，增加巩固产品质量的工序。比如，与加工厂签单前，一定要求在杯子底部加入磨光工序，保证杯底不会划伤桌面；塑料制品外表上的毛边，一定要处理掉才算过关……多年的经营之道告诉王山，产品品质是企业的核心竞争力。王山说：“尽管增加工序会增加成本，但宁可牺牲利润空间，也要保证产品质量。”

王山把商品品质要求较高的日本作为采购首选市场，进口小商品占到“一伍一拾”总产品的50%。“消费者看到一些产品价位可能高些，因为是进口的，日本品质有保证。而这些东西不敢保证是最便宜，但可以保证是最合理的便宜。”

那么“一伍一拾”完全可以把漂亮的东西价格卖得高一点。但王山并没有这么做，为什么？因为“一伍一拾”不是靠附加值赚钱，更不是靠一个或几个商品赚钱，靠的是全品线赚钱。

“一伍一拾”的商品更新速度变快，每月有200~300种新产品上架。“一伍一拾”开创的百元店模式有着平民化的价格优势和优良品质，对消费者有特别的吸引力，王山的下一步便是迅速扩张门店规模。

"一伍一拾"快速扩张需要大量资金，每新开100家店面只需要2~3亿元资金的投入。因此考虑到家居用品门槛比较低，未来两年内，"一伍一拾"都不采用加盟模式。

除了做直营连锁店外，王山还尝试在商业圈内以"扣点代租"的方式开设"店中店"。通过实地考察商业地段，王山选择与家乐福建立全国策略联盟。先从上海开始，在家乐福设立"店中店"，这样既为"一伍一拾"拓展了新的销售渠道，同时也为家乐福带来人气。近期，"一伍一拾"已经在上海金桥家乐福开设了100平方米的店中店，之后，"一伍一拾"还将在家乐福其他门店开设规模不等的店面。

这就是"一伍一拾"聚焦以后、广泛进货取得的成果。

【案例十三】 "完美健身"完美转型成功的商业模式

Fitness（完美健身）成立于2003年，是一家销售健身器材的公司。该公司2005年收入仅为50万美元，到2008年一举跃升为6600万美元，短短三年间收入增长了127倍。

"完美健身"的收入主要来自于一些很酷的健身产品。卖得最火的两款，一个是旋转俯卧撑架，另一个是旋转上拉器（做引体向上用的），只卖30~40美元。

这两款看似简单的产品，究竟有什么魔力呢？

原来，创始人奥尔登·米尔斯（Alden Mills）曾在"美国海豹突击队"服役。当时美国海军发现，在过去20年间退伍老兵的伤残率很高，主要体能训练方法着重锻炼大肌肉群，而忽略了关节部位及在运动中保持平衡的深层肌肉的锻炼，而这些部位的强壮，则有助于士兵在近身格斗或实战中不受伤害。

退役后，2002年他创办了“完美健身”。他先是设计了一款名为BodyRev的健身器材，注入了在海豹突击队学到的训练方法，通过运动中旋转手臂等功能，使得从肌肉到关节都能得到有效的锻炼。

为了销售这种多功能的健身器材，他从亲友那里募集了150万美元，并招募了35名女性和1982年的美国小姐拍摄了一个广告片。但是最终，米尔斯没有说服女性来购买他的健身器材。

当他只剩下2.5万美元时，他转向那些热爱健身的男士，推出了“旋转俯卧撑架”。一个月后就卖了2000套。这个产品非常简便，在卧室床边就可以做俯卧撑。

他成功的原因是什么？不止广告代言人都是超级健美的人，更重要的是，米尔斯也充分发挥了自己海豹突击队的背景，为产品注入“陆战队精神”。

此外，公司网站上还提供视频，教用户使用器材；提供训练指南，帮助消费者制订及分享锻炼计划。消费者的问题，也会通过网上社区，得到教练或其他热心的健身爱好者的及时解答和鼓励。

就这样，完美健身利用网络平台和锻炼小组的方式，为用户免费提供了去健身中心才能获得的价值。

目前其产品设计完成后，外发到中国制造，然后在线上、线下同时销售。线下通过美国的2.4万家零售店销售；线上则在美国、英国、德国均可用信用卡购买，比线下更为优惠。

“完美健身”模式的成功，首先是产品全部聚焦于在家庭就可以达到健身目标的小型健身器材，再加上海军陆战队和健美明星打造了专业形象。与其他零售店模式不同的是，他们运用了网络。所以很多在细分市场中能够成功的零售商，都是靠蓝海战略和商业模式共同成功的。

【案例十四】聚焦三明治，赛百味在全球独领风骚

赛百味再次获得了Franchise 500排行的第1名，而其他以三明治为主的连锁餐饮店的表现也可圈可点。

过去10年间，很多特许经营企业不断在前10名附近徘徊，今年进明年出，唯有赛百味9次夺冠。这期间经济时好时坏，美国人的口味也发生了巨大变化，一家快餐公司能够长时间保持这种高速发展步伐和赢利能力，令人感到非常惊讶。

2010年上榜企业中有21家经营三明治的餐饮连锁店，这些小型的三明治特许经营企业遍布全美，尽管被巨头赛百味的阴影所笼罩，却依然显示出强大的发展势头。2010年赛百味的竞争对手Charley's Grilled Subs新开120家新店，Jimmy John新开170家，Jersey Mike开了42家，Firehouse Subs也有30家。

猜猜2009年赛百味有多少家新店？ 1833家。

赛百味在1982年还只有250家，到1995年已经发展到11000家，2009年赛百味已经在90个国家内拥有超过32000家门店，全球门店数量很快就将超过麦当劳。

德鲁卡认为最关键的时刻是在10年前，赛百味将自己定位为代替汉堡薯条的健康快餐店。这为公司发展奠定了基本战略，然后幸运地被美国减肥名人杰尔德·福戈尔（Jared Fogle）发现，杰尔德宣称，靠赛百味的低脂肪潜艇堡一年内成功瘦身。

不过赛百味这10年的疯狂发展也要归功于他们所奉行的理念，赛百味加盟店的面积最小只需55平方米，加盟前期成本最低84000美元。因为不需煎、炒、烹、炸，加盟商几乎可以在任何地方开店。现在有7000多家非传统的赛百味门店就开在便利店、百货公司或赛马场内，甚至还有一家是开在大教堂里。

近年来，赛百味凭借佛罗里达州的加盟商的一个天才创举，推出5美元的大潜艇堡，也就是率先将部分三明治定价为5美元，其他赛百味门店迅速跟进。2008年美国刚刚陷入大萧条，人们对价格非常敏感，赛百味就在这时将5美元大潜艇堡菜单全面推开。

结果，为了省钱，人们放弃了高级餐厅，进入快餐店。因此开发大众市场、考虑大众需求、赚大众钱的企业此时具有特殊优势。

5美元大餐令赛百味门店销量取得两位数增长，也成为快餐业的新风向标。不仅Quiznos、Blimpies和各地的小三明治连锁店都跟风推出了5美元产品，其他快餐巨头也都纷纷行动——肯德基（5美元Fill-Up Box）、必胜客（5美元P'Zone）、Boston Market（5美元套餐）、汉堡王（5美元汉堡）、还有Cici's Pizza（5美元25-footlong buffet）——全都是模仿赛百味的5美元大潜艇堡。

这就是赛百味靠聚焦三明治，然后增加众多品类以后，成为第一的案例。

【案例十五】聚焦存货，广泛进货，上海炫动的模式被大量复制

2010年8月，阿迪达斯在淘宝的旗舰店正式开张。对于将阿迪达斯的存货做成一桩新生意的上海炫动实业发展有限公司（下称“炫动”）来说，这不是一件好事。

阿迪达斯自己处理的存货越多，意味着炫动能处理的存货将相应减少，

不过炫动的掌门人鲍清华似乎没有把所有鸡蛋都放在一个篮子里，他说只要运动大牌有存货，炫动就能活下去。

（1）卖存货比卖新货赚钱

上海炫动将处理存货变成一桩生意始于2008年。

这一年包括阿迪达斯在内的很多运动品牌的库存不是良性的，由于对奥运会后的体育用品市场预期过高，阿迪达斯等企业的货大量积压在各分销商处，没有真正出售给消费者。

阿迪达斯年报显示，2008年其全球市场存货价值19.95亿欧元，同比大幅增长22.5%；在中国市场，一个广为流传的数字是阿迪达斯存货的价值在10亿元人民币左右。截至2010年6月30日，存货仍在困扰阿迪达斯，上半年阿迪达斯大中国区销售额4.03亿欧元，同比减少16%，是阿迪达斯全球六大市场中业绩唯一衰退的一个。

2009年，炫动处理的一批阿迪达斯被称为“垃圾包”的产品货值即达到6000万元人民币。鲍清华说，阿迪达斯、耐克这样的强势运动用品企业一般是不退货的，但是由于存货太多，经销商不堪重负，2008年耐克等破天荒地给了经销商一定的退货额度。

炫动的前身是一家做服装鞋帽分销管理软件的公司，耐克、安踏、特步、七匹狼等的经销商都是其软件的客户，经销商出货难的信息自然没有瞒过炫动。

2008年下半年，炫动公司成立，专门为耐克、阿迪达斯等大牌运动企业的经销商清理存货，“钱途”与卖新货比起来并不差。

耐克、阿迪达斯这些大牌的存货在国内三、四、五线城市实际上很有市场。耐克、阿迪达斯的单件产品价格一般在500元以上，炫动的平均售价在3~7折之间，这样耐克、阿迪达斯的一双鞋打折后平均售价只要300元左右。现在李宁产品的定价平均是200~300多元，对于三、四、五线城市那些比较注重牌子但是购买力有限的消费者来说，打折后与国内运动品牌价格相差不大的耐克、阿迪达斯产品不再是“可望而不可即”。

卖存货不仅有市场，也有赚钱的空间。以耐克为例，经销商从耐克拿货的价格在6.1~6.4折，如果在上海的商场以全价卖出，经销商的毛利润有30%~40%，但是这些货品进商场，商场要收取28%~35%的费用，很好的商场要扣掉35个点的费用、对于耐克这样的大品牌可能会扣得少一点，28个百分点左右，再加上人工、水电费用、资金成本，经销商要赚到钱并不容易。与之相比，大量存货压在手上如热锅上蚂蚁般的经销商，存货销给炫动的价格低得惊人，炫动从经销商那里拿到的阿迪达斯存货可以达到3折甚至更低，如果操作得当，卖存货不比卖新货的利润低。

在江苏徐州，炫动在当地的一个门店每天的销售额在5000~6000元，一个月销售额为15万元左右，与卖新品的门店相比并不逊色。

2009年，炫动卖出的阿迪达斯、耐克等公司的存货超过1亿元，获利超过1000万元，其中约60%的收入来自耐克和阿迪达斯的存货。

（2）聚焦以后，广泛进货，最终做成加盟连锁模式

在做存货生意的初期，由于与耐克、阿迪达斯经销商之间的信任尚不牢固，炫动是以一次性买断一批存货的形式从经销商那儿拿货。买断占用大量现金，资金上的压力让炫动很快转换到发展加盟店这样一条路上来。

加盟模式的好处显而易见，加盟门店拿货要给炫动现金，炫动拿了钱再

找耐克、阿迪达斯的经销商要货，炫动不用自己出钱；另一方面，要成为炫动的加盟门店，还需要向炫动支付加盟费，炫动的加盟体系分成三级，省级加盟付给炫动8万元，地级5万元，县级1万元。鲍清华说做了一段时间，发现省级加盟商由于实力较强，在熟悉炫动的业务模式后，有些自己单干成为炫动的竞争对手，炫动因此取消了省级加盟，只接受单店加盟。

2009年与炫动签约的加盟店数量有300多家，实际开出200多家。销售面积在80~200平方米。

炫动的加盟店与国内外体育品牌的专卖店并不一样，国内外体育品牌的专卖店只能卖一个企业的产品，炫动的加盟店除了耐克和阿迪达斯，还有PUMA、新百伦（New Balance）等品牌，这样的模式颇有吸引力。

鲍清华说专卖店只做一个品牌，投入和风险都很大。比如你做耐克、阿迪达斯的一个专卖店，一个店需要100万元的投入，但是成为炫动品牌折扣加盟店，只要30万~40万元，可以卖6~7个品牌的产品，一个牌子的产品不好卖，其他牌子的产品热销的话，仍然有钱赚，因此炫动的加盟店发展得很快。

阿迪达斯在淘宝上开官方旗舰店，对炫动来说有影响，但是最要命的是阿迪达斯和耐克高层对炫动模式的看法。

从表面上来看，炫动卖存货，让经销商从资金链紧张的困局中解放出来，这对耐克和阿迪达斯客观上有利；另外炫动折扣连锁店主要分布在国内的三、四、五线城市，耐克和阿迪达斯主要市场在国内一、二线城市，填补了耐克和阿迪达斯的空白，使耐克、阿迪达斯的产品进入国内三、四、五线城市，也是耐克和阿迪达斯目前想做还没有做成的事情。

鲍清华说：“耐克和阿迪达斯可以自己来处理存货，但是从价格和成本来看，它自己卖还不如直接卖给我。现在物流已经外包了，那为什么清货不能外包呢？耐克、阿迪达斯对我们有不同的声音，但是PUMA等品牌是认可我们的，我们享受一级经销商的待遇，希望耐克和阿迪达斯的高层也能认可我们这样一种模式。”

这就是上海炫动聚焦低折扣的存货，引入多个品牌，所以能够大规模地开连锁店的原因。

3. 廉价买进，实现薄利多销的前提

大多数零售商是靠贩卖商品赚钱，玩具反斗城和其他居主导地位的零售商则是借买东西赚钱。当你握有1/5的玩具市场份额的时候，你在付钱购买商品的价格上便出现相当大的空间和筹码。换句话说，你可以操控这个市场，也就是现在很流行的一流企业定规格：四流企业杀价格，三流企业拼服务，二流企业搞品牌，一流企业定规格。

此外，如果你的规模够大，你就不需要在价格上斤斤计较，你可以让你的供应商迁就你的条件来制造商品，也就是量身定做。如果觉得有难度，你可以不做。

从经济学的理论可以看出，只要一个行业形成规模经济，成本就会下降。你开一家咖啡厅，成本会很高，但是开一百家，成本就降下来了。你一个人去美国旅游就很贵，但是你跟旅行团去美国就会较便宜，这就是规模经济的结果。那么如何建立这种规模经济？可以通过加盟的形式，也可以找风险投资。

这也是为什么现在专业性的连锁店这么赚钱的主要原因。销售额的成长率大于销售成本的成长率，这就是规模经济，而大范围的专业化体系就是规

模经济最好的表现。

而规模经济才是廉价买进的前提保证。所以只要你能够做到广泛进货，基本上就能够做到廉价买进。

4. 廉价卖出，彻底超越竞争对手

廉价卖出是价格方程式的另一个元素。你既然可以廉价买进，你就可以廉价卖出。

举例，一家独立经营的购物店，贩卖一箱高价位宠物食品，开价可能要32美金。但同样的东西在宠物超市里，说不定只要19.95美金就买得到。

德国的阿尔迪食品连锁，他们的价格比普通商店就要低10%~15%左右。

国美电器卖的商品，往往都会比同行业稍微低一点点。

玩具反斗城的竞争对手发现，只是廉价销售还不够。多年来，玩具反斗城的竞争对手Child World 和Kiddie City 两家店不断以低价格的策略对抗玩具反斗城，不过，效果不佳。原因是他们无法同时做到廉价买进、廉价卖出。为什么他们无法同时做到廉价买进、廉价卖出？因为他们首先没有聚焦。

5. 取得主导权，企业竞争的终极策略

在所有的零售业商战中赢得最后胜利的一般会是谁？也许不会是那个懂得运用最好策略的人，也不是最会整合资源的人，反而可能是第一个取得主导权的连锁店。研究大型零售业的成功案例不难发现，能取得商品类别主导地位的连锁店，就是其中最大的获利者。

取得主导权足以保护一个领导品牌的领导地位。市场占有率绝对是商品

能否巩固主导权的关键因素。

长期来看，领导地位是商场竞争唯一一项关键因素。取得领导地位，你做什么事都可以成功。做不到这一步，你就会继续承受来自竞争对手的压力。

那么应该怎么去取得呢？快速扩张是取得主导权的方法之一。

好的合并，比如国美和永乐的合并、聚众传媒和分众传媒的合并、华为和港湾的合并、百视达和影视图书馆的合并、如家经济酒店和七斗星的合并、亚马逊网站和卓越网的合并，它们合并了同属性的公司，最终主导了60%以上的市场份额。相同属性的结合可能成功，不同属性的结合肯定失败。

重塑企业核心竞争力的最终目的是取得商品类别或市场的主导权。当你取得主导权之后，利润自然源源不断，而且取得主导权过后，你做任何事情都能很容易成功。

坏的合并，比如美国在线并购时代华纳，惠普并购康柏、中国TCL收购法国汤姆逊、明基并购西门子手机业务、盛大并购韩国的Actoz、可口可乐并购哥伦比亚电影公司、克莱斯勒（Chrysler）并购湾港航太、松下并购MCA、阿里巴巴并购Yahoo，结果都不理想。包括最近的微软并购雅虎、施耐德并购得力西，美的并购小天鹅，我们拭目以待。

一定是要同属性的企业合并才可能会有好的结果。那联想并购IBM笔记本电脑也是同属性合并，为什么也失败了？其实联想和IBM笔记本电脑看起来一起，但还是有本质的区别，它们的合并有点像是猴子和猿猴的结合体，虽然是同根，但是不同种。

许多管理者相信成功只需提供更好的产品和服务。但是像可口可乐、赫兹、百威和固特异等品牌都很强大，却并不是因为它们有最好的产品和服务，只是因为它们是市场领导者且主宰了它们各自的商品品类。

品牌有价值的原因有一个，也只有一个，就是主导一个品类。

可口可乐是全世界最有价值的品牌，因为它主导了全球的可乐品类。

微软是全世界第二大最有价值的品牌，因为它主导了全球个人计算机的软件品类。

星巴克是一个价值数十亿美元的品牌，因为它主导了“高端咖啡店”品类。

劳力士是一个价值数十亿美元的品牌，因为它主导了“高级瑞士手表”品类。

红牛是一个价值数十亿美元的品牌，因为它主导了“能量饮料”品类。

【案例十六】戴尔电脑曾经犯下的错误

遗憾的是，一家零售连锁统一发展至某一阶段，取得主导权之后，管理阶层通常便会开始东张西望，寻找等待征服的陌生领域。他们忘了自己成功的关键，不再坚守“本”位，而去做一些偏离“主”题的业务。不只是零售业，其实很多行业都是一样。

戴尔是第一家以直销通路贩卖计算机的公司。他们的业务员以抽佣金的方式，通过公司全天免费电话接订单。少了零售通路那一层差价，戴尔计算机的售价只是IBM个人计算机定价的50%左右。销量自然很好。

不过，戴尔也曾经犯了一些涣散焦点的错误。

1988年，戴尔增加一组服务大客户的业务员。

1990年，戴尔允许以邮购价贩卖其个人计算机。

1993年，戴尔开始分销零售店。结果销量急剧下滑，因为它失去了经营焦点。

最后1994年戴尔突然改变态度，宣称今后不会在零售店从事贩卖。

可惜的是13年之后的2007年，戴尔又准备进入分销领域。也难怪人世间昨日重现、历史重演的事情比比皆是。历史不会重复事实，但历史往往重复规律。

【案例十七】沃尔沃汽车曾经在瑞典的错误战略

询问大家“沃尔沃”代表的意义，十之八九都会说“安全”。这样的结果并不意外。早自1959年，沃尔沃率先推出“三点式”安全带以来，便一直期待出现这样的结果。今天，外形像方盒、长相老气的沃尔沃成为美国最畅销的欧洲进口车车种，过去十年销售量长期领先宝马和奔驰。

但沃尔沃在产地瑞典的发展却截然相反。

1971年公司来了个新的CEO，他坚持主张多元化。

1981年，沃尔沃买下 Beijerinvest公司（经营能源、工业产品、食品、金融和贸易）和怀特汽车（White Motors）的卡车部门。

1984年，沃尔沃和克拉克设备公司合资，建立全球第三大营造公司。

1988年，沃尔沃并购英国 Leyand巴士公司。

1990年，沃尔沃将其食品和药品部门及国营控股公司合并。

压死沃尔沃的那个CEO的最后一根稻草是1993年和雷诺（Renault）的合并计划。

由于雷诺汽车表现欠佳，因此此举颇令主管阶层震惊，并令股东恼火。计划宣布之后不到三个月就胎死腹中，同时，董事长下台。虽然计划花了沃尔沃1.7亿美元。最后，沃尔沃宣布要把经营焦点重新回到其核心业务上。

沃尔沃已不再是过去那个强大的品牌了。多年来，沃尔沃曾经是美国市场上进口豪华车的第一品牌，排在奔驰、宝马、奥迪和捷豹之前。现在已经不再是了，沃尔沃远远落在了很多豪华汽车品牌之后。

以下是2009年美国市场上进口豪华汽车品牌的销量：

- 雷克萨斯：215975辆；
- 宝马：196502辆；
- 奔驰：190538辆；
- 讴歌：105723辆；
- 奥迪：82716辆；
- 英菲尼迪：81089辆；
- 沃尔沃：61435辆。

可见，沃尔沃在美国的进口豪华汽车品牌中排位第七。是什么导致了沃尔沃销量下滑？我们认为，是一个典型的营销错误。

但是，沃尔沃最近做了什么？他的营销策划不再强调安全性。沃尔沃的全球广告总监说："仅凭借它自身的安全性能是不够的。"这就是沃尔沃涉足跑车和更豪华的汽车领域的原因，沃尔沃的营销主线也已经偏离了"安全"。

与大多数公司一样，沃尔沃想要扩张业务。沃尔沃的管理层认为这个品牌已经拥有了"安全"这一认知，如果公司想要扩张业务，就应该去提升其他特质，比如性能、款式、耐用性等。

如果沃尔沃是一个赢利的品牌，那么它可以独立运作，并且大概会继续赚钱。但是，沃尔沃是一个亏损的品牌。吉利如何将一个在2008年亏损了15亿美元的品牌变成一个赢利的品牌？通过降低成本、改善运营吗？"定位"大师里斯可不这么认为。要重建沃尔沃的财务健康，需要一些强而有效的方法。

吉利应该把"安全"重新定位给沃尔沃，并且不断地重复。

格兰仕当年也是一样，通过低成本战略把微波炉做到了全国第一，接着应该怎么做？传统思维就是进入其他产业，格兰仕的确也进入空调产业，想用做微波炉的方式来做空调，结果市场不认可它。实际上正确的做法是创造一个高档的微波炉品牌，可惜它又做不到。

【案例十八】取得市场主导权以后，应该何去何从

如果企业已经是市场上的老大了，那么它在这个时候应该怎么发展呢？里斯的忠告是：制定第二个品牌法则，也就是创造第二品牌。比如丰田的Luxes、可口可乐的雪碧、百事的佳得乐、乐百氏的脉动、雀巢的舒缓、统一的体能、康师傅的劲跑、蒙牛的特仑苏、农夫山泉的尖叫、养生堂的清嘴含片、娃哈哈的激活、营养快线、爽歪歪；宝洁有21个第二品牌，如飘柔、潘婷、海飞丝、沙宣、伊卡璐、舒肤佳、玉兰油、护舒宝、封面女郎、帮宝适、佳洁士、欧乐-B、汰渍、碧浪、品客、吉列、博朗、金霸王等，每个品牌都有聚焦效果。

欧莱雅集团旗下的品牌有小护士、美宝莲、羽西、薇姿、兰蔻、阿玛尼、碧欧泉、赫莲娜。

欧莱雅在国内有16个品牌的化妆品，资生堂有25个品牌的化妆品，雅诗兰黛有8个品牌的化妆品，你根本就不知道你正在用的品牌是属于哪个大化妆品公司的。

为什么还是有一些企业搞多元化同样成功了呢？比如英国的维珍集团、李嘉诚的和记黄埔、娃哈哈、康师傅、通用电气。

分析这些企业的时候千万不能只分析这一个企业，而要分析一个行业。因为这些公司的竞争对手全部是类似的多元化的公司。在一个市场中，大家都搞多元化，那么成功的也一定是多元化的公司。如果市场中一旦出现专业化的公司，天平就会倒向专业化的公司。

如果消费者的需求变了、口味变了，零售业的感受最敏锐也最快速。今天，几乎所有的零售业者都竭尽全力凝聚焦点，以求在市场占有率方面更上一层楼。

此外，为了取得主导权，零售业者大肆扩张，延伸据点至全国各地，甚至全球连锁。结果，小规模、独立门户的零售商瞬间成了稀有物种，原有的位置陆续被全国性的连锁商店所取代。

几乎所有的零售类别都已是全国性连锁商品的天下，包括速食、便利商店、饭店旅馆、药房、鞋店、办公用品、宠物店、书店、电脑、家庭用品、五金、音乐、租车、服饰和家具等。甚至专业的服务业也加入全国性连锁的行列，像会计室事务所、广告公司、证券经纪、不动产交易、法律事务所和诊所。当然，还是有少数零售业仍然在做最后挣扎，它们拒绝接受眼前的事实，原地踏步，态度乐观。

殊不知，长期来看，无所不卖的地方小店是绝对斗不过一个经营焦点集中、有本事廉价买进、廉价卖出、并取得该商品类别主导权的全国性连锁系统的。因此区域性的零售商品只剩下两个选择，要不就是加入一个全国性连锁，要不就是自己创建一个全国性连锁。

因为面对未来的企业竞争，不会再是一个企业和一个企业的竞争，而是一个企业参与组建的一条产业价值链，和另外一个企业参与组建的一条产业价值链之间的竞争。

成败与否，不取决于一个企业得到健康，而取决于一条链的健康。所以，你只有两条路走，要么你打造一条产业价值链，要么你参与一条产业价值链。

今天的竞争已经上升到商业模式的竞争。要么你创造一个模式，要么你颠覆一个传统模式。企业经营已经到了模式对模式的年代，所以要整合资源，形成我们的产业价值链，形成我们的竞争优势。

七、“加码”模式（“钩”和“饵”的模式）的创新（适合于所有行业）

为什么有些公司的销售额高达10亿元，利润却只有区区2000万元；而有的公司销售额只有1亿元，利润却高达5000万元？这就是销售方式的不同。

当你完成一笔交易时，也是你再多做一笔生意的大好时机，因为顾客已经接受了你的产品。如果你有合理的价格，有适当的优惠，有相应的组合，有2~4成的顾客会继续增加交易量。

举例：你出售了一件500元的衣服，你请顾客写下她的联系方式，大概80%左右的人都会写。在10~20天之后，打电话给这些顾客，询问这个衣服是否合身，请她来试试其他的款式，并且给予她一定的优惠，这样大概有10%~25%的人会回来继续购买。而且这个方法可以立刻提升至少20%左右的利润。但是很少有服装店会这样做。其实这个方法可以运用于任何一个行业。

我给大家总结了大约20多种最常用的向上销售“加码”模式的案例，也就是如何将一锤子买卖做成细水长流的来往生意。如何通过再销售、混合销售和积极销售，从顾客中获取附加利润。如何在不增加任何成本的情况下，就可以使利润增加到20%~150%。

让顾客从一个只光顾一次的顾客变成常年光顾的常客。只要有可能，就要让顾客从一次性购买行为变成长期购买行为。问题是你使用了几种长期的组合?

你提供3倍数量的产品或服务时，只需要2~2.5倍的价钱。一家干洗店洗一件衣服20元，洗3件50元。就如同大多数的服务一样，数量一旦增加，成本就会相对降低。经济学的原理也是一样：当规模增大的时候，成本就会下降。

大部分的服务业，当你提供一定数量的鼓励时，你每笔生意实际成本会急剧下降。这也是为何在每笔“加码”交易或每一个顾客身上，通常都可以增加2~3倍利润的缘故。更重要的是，你的顾客将增多。大家可能会觉得，怎么可能顾客会增多呢？这看起来没有任何的关系啊。许多不可能的事情，都是有可能的；许多看来不相关的事情，其实都是相互有关联的。

向上“加码”模式也可以是增值服务，这种策略能有效地避免价格战。比如你的电视机1000元一台，我就卖800元一台；你800元，我就700元，这只是恶性竞争。但是有增值服务就能避免这样的价格竞争。你卖的手机越来越便宜，但是卖完手机后，再继续提供很多后续的收费服务，就能避免价格战。

比如亚洲航空，它的飞机票很便宜，从上海飞新加坡只需要几百元，这样就很容易超过其他航空公司。但是它的点心要收费，水要收费，行礼超重也要收费，额外的服务要收费，它通过附加价值赚钱。

再比如国外卖车不赚钱，零配件服务挣得也不是很多，他们主要挣的钱是金融增值服务。

又比如很多软件的基础版本都是不赚钱的，是通过在升级中去赚钱。每升级一次，就赚你一次。

现在的互联网行业也是一样，它通过免费聚集大量的顾客，然后靠广告赚钱。现在所有的互联网行业都是以“免费”的模式为基础。

电影院和体育场通常也是一半靠门票、一半靠其他东西赚钱。这都是增值服务，也是“向上”加码策略。

（1）一家餐馆

有一家餐馆，在你吃完饭后，他们就来推销一种包装好的“独特晚餐”，以做宵夜。结果有1/3的顾客会购买。当这家餐馆发现这种包装销售非常好时，立刻将此“宵夜晚餐”作为赢利的重要部分。

（2）一家空调经销商

有一家空调经销商，在贩卖一年空调之后，对那些没有再光临的老顾客，提供免费检修的机会，大概有4成的顾客很高兴地接受了此项服务，而其中的65%再度成为他们的老顾客，也就是26%左右的老顾客会继续购买。可惜的是基本上没有其他经销商做这件事情。你家买了电视机、电冰箱、洗衣机、空调，在一年之后，这些经销商与你联系过吗？绝大多数都没有。

（3）打印机

打印机的价码策略也很好，现在打印机越来越便宜，但是打印机的油墨却很贵，打印机生产商慢慢通过附加价值来赚钱。

富士施乐（中国）采取的正是这种商业模式。它将数码印刷产品租给数量繁多的数码快印店使用，租赁时间非常灵活，可以是一年、三年，甚至五年，设备价格从几十万元到几百万元不等。这些快印店除了要每年支付相当于产品价格20% 以上的本金和利息外，还要根据印制的张数支付维修服务、配件、耗材等费用。例如，复印一张彩色纸需要交给施乐0.7~0.8元的服务费。

那么，富士施乐怎么知道快印店复印了多少纸张呢？奥秘就在于复印机里面的计数器。为了保证计数器的正常使用富士施乐，每隔一段时间就要派维护人员上门服务，检查计数器并提供相应的维修服务，这带来的交易成本无疑是巨大的。对富士施乐来说，保证其计数器的技术机密不外泄，维持这个成本高昂的交易并不容易。

（4）奥迪汽车

奥迪汽车是我们中国的官方用车，所以定价不能太高，那怎么办呢？奥迪汽车就把车里面的零配件的价格定得很高。车子一旦出了问题政府去修的时候，政府是不考虑维修费用的。奥迪非常懂得用附加价值赚钱。

（5）美国一家零售店

他们会给那些9个月内没有再来光顾生意的顾客一张面额20美元的代金券，上面并没有附带任何其他条件。很少人会放弃免费花20美元的机会，也很少有人只会消费20美元。如果他们至少花了40美元（平均数字是60美元），那么这家零售店在这次重新光顾的新生意中至少赚到一半的钱，我们发现，每10名以此方法召回的客户，有4名会回头继续购买。

（6）一位律师

这位律师曾写信给所有失去联系的客户，并且提供两个半小时的免费咨询服务，协调他们检查是否有忽略的必要的法律程序。他的老客户中有一半接受了此项服务，其中又有一半后来成为他的付费客户。

（7）一位窗帘与百叶窗的经销商

每次有客户来电话咨询，经销商就用电话销售继续追踪，并且送每位咨询者一本如何装修的小册子。这本小册子中包含各种问题，并示范如何用百叶窗和窗帘装修美化家庭。客户收到小册子后，他们就打电话给客户，回答问题并提供建议，就像是室内装修设计师一样，结果45%的人都成了他们的潜在顾客。这个方法令经销商一年的销售额达到了4000万美元。假如他们在送完小册子后没有使用电话跟踪，那么大概就有3000万美元的生意泡汤了。

（8）一家高级皮革家具连锁店

这家连锁店的负责人发现参观家具展示的人，有3/4的人不会立刻购买，为什么？因为他们买的是需要定制的、昂贵的大型家具，不可能随便逛一逛就能够决定购买，一定会回家考虑，或者货比三家。所以负责人花许多钱吸引人来参观展示中心，也设计了一套电话跟踪制度。他们会在六星期内打五次电话给所有来参观过的人，告诉他们可以得到免费的咨询及专业的建议，并且愿意回答各种问题。结果他们一个月的营业额增加了35%。

当你卖出一定的产品之后，如果你以优惠的价格提供更大数量的产品，或是以打包的服务出售你的产品，那么有2~4成的顾客会同意你的做法。这样简单的小技巧能毫不费力且可以无限度地成倍增加公司的利润，尤其是现金流，更重要的是几乎不需要任何成本。可惜的是很少有人使用它。

比如零售商，如果每次卖价值50元的商品给顾客，然后又再提供30元的价格让顾客购买价值50元的其他东西（假如其中获利15元）。如果1/3的顾客接受了你的促销，那么你就为每笔50元的销售平均增加了5元（15元除以3）的净利。

比如批发商，如果有人购买了价值1000元的产品，然后又以375元的价格提供价值500元的另一种产品，假如你能够得到75元的利润。如果只有1/5的顾客采纳你的建议，那么你只为每笔交易平均增加了15元（75元除以5）的净利。

【案例一】亚布罕靠“加码”赚大钱，成为全世界最赚钱的咨询顾问

亚布罕辅导了大约1万家公司、400种行业，他本人亲自做过165种行业，所以他精通各个行业成功的方法。他的咨询费用是5000美金/小时，他只针对中小型企业做顾问，这也是他在营销学中的自我定位。

亚布罕的顾问案的方法是：

如果你想请他当顾问，首先，看你公司有没有符合他的条件，假如符合的话，亚布罕与你签约3年，他免费帮你服务。如果有效了，他抽25%净利润，一共抽3年。只要有人给他介绍的顾客能够签下合约来，他就付介绍人10%的利润，而且让你连续赚3年。结果，他的学员全部变成了他的业务员。

这项技巧非常简单有效，而且根本不用动脑子，但令人惊讶的是很少有人懂得使用它。

大家最常用的是扩大规模、增加经营点、增大生产量等方式。

究竟向上“加码”模式销售能增加多少净利润呢？结果是不确定的，从20%~150%都有可能。

【案例二】美国忠实航空为什么利润率是西南航空的6倍

在美国，自2001年“9·11”事件发生后，美国国内经济衰退、油价大涨，多数航空公司均大幅亏损。2008年美国五大航空公司（美国航空、联合航空、达美航空、大陆航空和西南航空）中有四家巨额亏损。其中达美航空收入227亿美元，亏损额竟高达89亿美元。唯一赢利的西南航空仅赢利2亿美元，净利润率不到2%。

在一片惨淡之中，美国一家小航空公司——忠实航空却连续六年赢利。不是它运气好，而是它创造了一种很优秀的商业模式。通过聚焦，找到了大航空公司不在意的市场：从小城市飞往全美的度假胜地。忠实航空2008年收入5亿美元，净利润率达到11.2%，成为全美赢利能力最强的航空公司。

以往这些小城市的游客想去旅游，不但要负担高额票价，还要中途转机，又贵又麻烦。而忠实航空，则为他们提供了票价低廉的“直达航班”。

到2009年初，忠实航空已在全美57个小城市开辟了113条直达航线，专门飞往各个度假胜地，如拉斯维加斯、凤凰城、亚利桑那、佛罗里达、圣彼得斯堡等。

忠实航空之所以能够在国内时局不利的情况下赢利，原因是其解决了三个会增加航空公司成本的问题。

首先解决了航线问题。由于113条航线都是唯一的直达航线，产品简单，可以直销机票，这样就省掉了代理佣金。

其次解决了上座率的问题。上座率主要取决于机场辐射区域内是否有足够大的人口数量来支撑一周两次的航班。在忠实航空开设航线的这57个小城市，以机场为圆心，50英里以内总人口均必须达到5000万。其航班上座率非常高，2008年高达87%。

如果一条航线不能快速赢利，那就迅速关闭航班。忠实航空和机场的合同是一月一签，其在机场的雇员也只签订短期劳动合同。

最后解决了额外支出的问题。忠实航空规定开通航线的城市到度假地的往返时间不能超过8小时，这样就可以让一架航班当天去，当天回来，避免了机组人员在外过夜的费用。

航空公司的主要成本是飞机的折旧费。忠实航空拥有的39架飞机，均是二手的、老式的麦道80飞机，非常便宜，每架购买及翻新成本仅400万美元，价格只有西南航空波音737的10%。

如果仅仅依靠传统的机票收入，忠实航空将是亏损的。在其2008年5亿美元的营业收入中，固定航班机票收入占66%，包机业务占10%左右。最终能使它赢利3500万美元，得益于两个赢利点。

"忠实航空"的赢利点：

一是改变"票价结构"，创造新收费项目。在传统的航空业，托运行李、饮料食品都是免费项目，忠实航空却统统收费，几乎没有免费项目。比如托运行李，首件收费15美元；网上订票，收13.5美元的订票费；预订座位，也收费5~25美元。

二是挖掘乘客的附加价值，获得旅游收入。忠实航空航班将小城市的游客运往度假胜地，2008年运送乘客430万人次，人流可以变成现金流，忠实航空为他们预订酒店、租车、代购旅游门票，从酒店、旅游公司获取佣金，2008年就销售了40万个酒店房间。

而把这些方法运用得最娴熟的是欧洲瑞安航空，它能从每名乘客身上获得平均14美元的附属收入。但忠实航空在2008年却获得了30美元，比2007年增加了40%。

【案例三】卖长销书比卖畅销书更能增加作家收入

郑渊洁的书被隐瞒印数后，他正好看到鲁迅的伟大创意，于是如法炮制。从那以后，由郑渊洁向出版社提供高科技的防伪标志，出版社按防伪标志的数量，当月向郑渊洁结算版税。

版税制是国际流行的付酬方式，就是作者从书籍的总定价中按百分比抽取稿费。

国际上通行的版税标准是：书的印数在1万~1.5万册时版税率应为10%；印数为1.5万~2万册时版税率应为12%；印数在2万册以上时版税率应为14%。

长销书比畅销书更能增加作家收入，要争取写出长销书。当同一部作品拥有两代读者时，那才是真正的财富。

【案例四】未来真正有水平的咨询顾问，会按效果收费

以笔者的咨询顾问为案例，我会先推出一系列的课程，然后很多老板在上完我的总裁课程之后，有一部分会继续投资我的咨询顾问案。

这种加码主要分为两类服务（按照行业来分），一类是商业模式内训，一类是商业模式咨询。具体内容可参见附录。

【案例五】李阳疯狂英语的“钩”和“饵”模式

李阳举行一个英语演讲，每个人10元钱的门票，你会带你的孩子去听这个演讲吗？ 10元钱听半天还是很值的，但同时他还卖价值100元钱的光盘和书籍，接着又有价值3000元的课程及价值8000元的夏令营，这时你才会明白，那10元钱是你交的广告费。

现在全国的企业大多都没有商业模式部，只有极个别的企业有，这个部门每天的工作就是研究商业模式，研究高利润区。

【案例六】如何设计募捐的"钩"和"饵"模式

美国某个组织有一次发起募捐活动，在募捐之前，送给每位行人一枝花，并祝行人旅途愉快，然后拿出一个盒子，请行人募捐，结果效果好得不得了。这次募捐活动被新闻报道，并在电视上播放。一般募捐活动的成功率是3%，它多少呢？ 80%。

【案例七】NBA设计的"钩"和"饵"模式

在中国有1亿以上的球迷看NBA的球赛，那么看英超比赛的有多少人呢？我们都知道英超老板的财富远远高于NBA的老板，英超在全世界是最有价值的体育比赛，也是全球最高水平的足球比赛，足球的场面要比篮球的场面火爆得多，人数要多得多，参与的人更多。按理说，足球的价值比篮球大。可惜非常遗憾，在中国，看英超的人只有2万人。

如今NBA在中国的商业价值超过了英超，可是英超以前在中国有3000万以上的球迷，这些球迷都是铁杆球迷，但是后来为什么他们不看了呢？因为英超要收费，最后只剩下2万人看英超，从3000万减少到2万，而NBA通过免费观看球赛慢慢地培养了1亿多的球迷。NBA球赛免费播，老百姓免费看，买单付费的是电视台，而英超是要老百姓花钱的。

【案例八】益生康健设计的"钩"和"饵"

益生康健打出广告，1元钱一瓶螺旋藻，但是广告画面下方还有一行小字：会员仅限一瓶。但是要怎么才能成为他们的会员呢？花150元，买他们一个产品就可以，比如大蒜片、鱼油、螺旋藻。它的实质是什么？是让消费者花费151元钱买两瓶他们的产品。如果它的广告是151元钱2瓶螺旋藻，买的人就少了。这个广告带给益生康健一年的销售额在5亿元左右。

【案例九】拉斯维加斯赌城的酒店设计的“钩”和“饵”

拉斯维加斯的酒店住一晚就是500多美金，后来有个学员设计了一个很好的钩和饵模式，也就是：“住三天497美金”，包括香槟和早餐，还赠送497美金的赌博筹码。这是一个无可抗拒的卖点，那么他怎么赚钱？497美金是三个晚上的代金券，那么很多人可能要等了半年或一年之后才去订那个酒店，497美金是可以去三晚上，但不代表今天就能住，要入住就必须要预约。去过赌城的人都知道，如果你不喜欢赌，你是不会去赌城的，如果你去了，就一定会赌。

【案例十】一位菜贩设计的“钩”和“饵”模式

某地一位女菜贩，卖菜每月赚五六千元以上。她借鉴超市会员卡方式，顾客买菜可以累计积分，到了月底，顾客根据买菜金额多少，可以享受不同的优惠。比如，张三本月买了500元的菜，她就给5个点的返利，月底就送给张三25元的菜；李四本月买了400元钱的菜，她就给4个点的返利，月底李四买20元的菜就不用掏钱了。这个方式，吸引了不少家庭主妇每天习惯性地到她的摊位前排队买菜。

这位菜贩的成功之处，不能简单地认为她借鉴了超市的促销方法，更重要的价值在于，她把一次生意做成了细水长流的生意。

【案例十一】健身公约设计的“钩”和“饵”，健身行业的新模式

这是一种被经济学支持的健身公约，这种新的商业模式已开始运作。这个健身项目由哈佛华裔毕业生张一凡及她的合伙人创立，取名为健身公约。

这种有效的方法可以鼓励人们定期参加健身。按照传统的健身收费模式，许多花几百美元办了健身卡但又极少去的会员，他们其实感受不到浪费年卡所付出的代价，因为会费一般在年初时已交，会员通常把这笔健身会费当成“沉没成本”，即已经花出去的钱。

但在健身公约这种模式下，会员立刻能感受到不去参加健身的成本。会员正是觉得这种方式能督促自己更好地参加健身，所以很快就会与健身公约签订合约。但其实未来能否一直坚持下来谁也无法预知。事实就是：的确还是会有人无法实现诺言。到时候他们也要心甘情愿地被健身公约扣钱。尽管如此，很多人还是会跃跃欲试。

张一凡的这种商业模式在行为经济学上得到了支持。行为经济学认为，同未来可能的结果相比，人们更容易被即时结果影响：虽然未来能否一直坚持参加健身不得而知，但人们对能立刻得到的好处更有动力，即免费健身。

在实际操作中，张一凡及合伙人杰夫·奥博欧佛的商业概念也被证明是简单而有效的。当地两家大型健身房已同意与健身公约协同合作。健身公约能够以极其优惠的团体价向健身房购买大量健身会员卡，然后将这些健身会员名额给那些愿意与健身公约签订合约的人们。会员可以免费使用健身房提供的健身运动：器械训练、舞蹈室、瑜伽室等。会员所要做的只是向健身公约做一项承诺：按照事先约定好的次数，每星期严格执行。

如果会员严格遵守所做出的承诺，可尽情享受免费价格或是极其低的折扣。而一旦失约，每次失约的当天“激发性费用”就会被扣除。所谓的“激发性费用”，即会员同意缺席排定的课时将缴纳更多费用。健身公约将会从事先会员登记的信用卡上扣钱。

会员可自行选择每星期参加健身的次数及“激发性费用”。但每星期会员至少要参加一次健身，每失约一次至少要被扣10美元。如果中途退出项目，则要支付75美元，由于受伤或生病的原因除外。

【案例十二】星巴克设计的“钩”和“饵”模式

新年到了，星巴克的店内又摆出了精美的台历——消费满80元赠送一本台历。这不仅是一个能够显示日期的台历，还是一个永续经营、基业长青的企业策略。台历中每个月都有可以剪裁下来的饮品免费卡，不是奖励一杯夏日冰咖啡，就是可以品尝秋日的奶茶，或者是初春的焦糖玛奇朵。一旦养成不断光顾的习惯，你就成了星巴克的用户。

【案例十三】宝洁、高露洁、联合利华设计的“钩”和“饵”模式

这三家日化企业在全球牙膏市场的份额占到78%，彼此之间你死我活地竞争。2010年，三家企业市场部的人居然坐到了一起，并达成共识：用30年的时间进行大众教育，让大众接受一个理念——饭前、饭后要刷牙。

牙膏、牙刷出现在1912年，不到100年时间，大众已成功地养成每天刷两次牙的习惯。凭借这个历史，我们有理由相信，不到30年，大众就会接受饭前、饭后刷牙的习惯。于是，牙膏的消费量就会增加，连餐厅的用具都要增加，不仅要配备用餐的碗筷叉刀，还要配备一次性的牙膏、牙刷。这样，偷着乐的就是这三家日化企业。

【案例十四】通用电器设计的“钩”和“饵”模式

近年来，很多制造企业都纷纷转型，从原来的价差一次性销售，变成多次性收服务费，虽然承担的成本高了，但相应地，赚取的新价值也更高了。通用电气无疑是其中的佼佼者。

以发动机为例，通用电气把卖机器变为卖运行时间，实现从制造到服务的华丽转身。

在以往，通用电气的发动机靠两方面赢利：一次性销售利润和五年后大修的维修费用。前者占大头，但由于一次性费用太高，经常受到飞机制造商的压价，利润空间日趋缩小；后者则经常遭遇独立发动机维修商抢生意，这些维修商不需要承担一次生产投入的资金压力，却能够凭借维修经验蚕食通用电气的维修市场，实现轻资产运营。

后来，通用电气转变销售模式，把其生产的发动电器送给飞机制造商。那么通用电气按照什么来收钱？它按照发动机飞行的旅程数来收钱。

换句话说，所有的航空公司，只要你的飞机在天上飞，它就在赚钱，这是一生一世的生意，而不是一个一次性的生意。

通用电气并不出售发动机，而只是销售发动机的运行时间，它保证发动机在这段时间正常运行。至于发动机、配件及维修服务，一概不需客户操心。这样一来，飞机制造商的一次性支付门槛下降，压价程度自然下降。通用电气的两方面压力都得到了解决。

与一次性销售相比，按时间服务收费，通用电气需要承担的风险无疑更大，其背后需要投入的成本也更高，那为什么通用电气仍然愿意转换商业模式呢？

理由很简单，同样一台发动机，产生的价值是不同的。

与飞机制造商相比，通用电气更了解其发动机。换言之，同样一台发动机，通用电气能够使其运行的时间更长，保养的成本却更低，从而可持续产生的价值更高。新产生的价值，除了一部分与飞机制造商共享，通用电气还有额外的赢利。

【案例十五】通用汽车设计的“钩”和“饵”模式

通用汽车在美国针对路上商务车推出了一个营销活动，即“行驶20万英里，奖励航空里程”。路上商务车GL8多数是由中小企业购买的，司机为了兑现奖励的航空里程用于度假，必须在一年内行驶完20万英里。通用汽车得到的是配件消耗提高了14%，全美经销商都增加了GL8的备件存货。

【案例十六】耐克设计的“钩”和“饵”模式

耐克也是传统企业，为了激发大众的购买力，它不断宣传的就是跑步、锻炼身体。为了能让用户坚持每天跑步，耐克特意推出了一个全球跑步的网站，并在鞋中增加了传感器，传感器可以与苹果手机进行跑步同步信号记录。跑步速度、公里数、消耗的热量数字都可以记录下来，在跑步结束后同步到网站上，就可以与全球的跑步者比较各自的公里数。现在耐克跑步网站已经汇集了6000万的用户，他们每天都跑步并同步数据，看自己的公里数排名。耐克跑步网还允许用户自己创建社区，汇集周边的人一起坚持跑步。

【案例十七】苹果公司设计的“钩”和“饵”模式

本来电子消费品企业将电子产品销售出去，该赚的钱就到手了，但乔布斯进行了彻底的商业变革。他将电子消费品当作一个个的终端，当终端的数量庞大到几千万甚至上亿的时候，他将这些终端聚集在一个软件市场中；同时，他对软件程序员进行奖励，欢迎他们到iTunes这样的卖场来销售自己的软件，苹果公司在中间抽成。

乔布斯打造了世界上最大的虚拟卖场，一年软件的货币流量高达60亿美元，其中20%～30%的份额分配到了苹果公司的账户，这才是真正的商业创新。

基业长青的核心就是创造一种商业模式，不断地满足人们的需求，并通过满足其需求来赢利，让企业得以健康地运行，从而变成永续经营的一种组织。

【案例十八】“加码”模式的其他方式

1.“加码”模式1：直接交叉补贴

- 赠送服务，销售产品（苹果商店天才吧提供的技术支持）；
- 赠送产品，销售服务（当你开设一个银行账户时获赠免费礼物）；
- 赠送软件，销售硬件（IBM和HP公司的Linux产品）；
- 赠送硬件，销售软件（电子游戏的家用主机模式，其中像Xbox360这样的游戏装备售价远低于成本价）；
- 赠送手机，销售通话时间（许多电信运营商均采取这一模式）；
- 赠送通话时间，销售手机（许多电信运营商也采取这一模式，夜间通话免费及周末业务套餐）；
- 赠送表演，销售饮料（夜总会俱乐部）；
- 赠送饮料，表演收费（娱乐场所）；
- 免费赠送（零售商的“赔本甩卖”）；

• 买一赠一（超市）；

• 附赠免费礼物（谷物类产品）；

• 超过指定金额的订单免运费（亚马逊网站、凡客网站）；

• 免费体验；

• 免费试用（杂志订阅）；

• 免费停车（商场）；

• 免费调味品（饭店）。

2."加码"模式 2：三方或"双边"市场（一类顾客补贴另一类顾客）

• 赠送内容，销售接触观众的机会（广告支持的媒体）；

• 赠送免费信用卡，向生意人收取交易费；

• 赠送科普文章，向作者收取出版费用（公共科学图书馆）；

• 赠送文件阅读器，销售文件写作软件（Adobe 软件）；

• 女士免费入场，男士门票收费（酒吧）；

• 儿童免费，成年人收费（博物馆）；

• 赠送旅游服务，从车辆出租和酒店预订中获利（Travelocity网站）；

• 向在商店中存货的卖家收费，保证消费者免费购物（超市里的"上柜费"）；

• 对在商场中购物的买家收费，卖家的商品可免费存货（与Costo类似的会员制商店）；

• 赠送房屋清单，出售抵押贷款（Zillow网站）；

• 赠送内容，通过将用户推荐给零售商赚钱（"亚马逊联盟"伙伴计划）；

- 赠送内容，出售原料（Slashdot/ThinkGeek网站）；
- 赠送内容，在内容中对付费客户进行突出展示（产品安排）；
- 赠送工作或公寓清单，向登记用户收费（Craigslist 网站）；
- 向客户赠送内容和数据，向通过某API接入内容的公司收费（eBay网站）；
- 赠送绿色家居方案，向被列入绿色资源网站（FreeGreen.com）名单的建筑商和承包商收费。

3."加码"模式3：免费增值（某些客户补贴另一些客户）

- 赠送基本信息，出售更易于使用的较丰富信息(BoxOfficeMojo 网站)；
- 赠送通用管理建议，出售定制的管理建议（麦肯锡公司及《麦肯锡日报》)；
- 赠送联邦税软件，出售州税软件（TurboTax 软件）；
- 赠送低质量MP3，出售高质量光盘版音乐（Radiohead乐队）；
- 赠送网络内容，出售印刷版内容（从杂志到书籍）；
- 赠送电子游戏，向订户收取更多费用使其能够在游戏中享有更多服务［"企鹅俱乐部"网站（Club Penguin）］；
- 赠送商业名录，向企业收费使其能够宣传并增强自身优势（"Brownbook"杂志）；
- 赠送演示软件，完整版本收费（大多数电子游戏允许玩家试玩最初几级以判断该款游戏是否适合自己）；
- 赠送电脑对电脑呼叫，出售电脑对手机呼叫（Skype 软件）；

- 赠送免费照片分享服务，收取额外存储空间使用费（Flickr 网站）；
- 赠送基本软件，出售更多有特色服务（Apple QuickTime 软件）；
- 赠送广告支持的服务，出售去除广告的能力（Ning 网站）；
- 赠送内容片段，出售书籍（使用Google书籍搜索的出版商）；
- 赠送虚拟旅游，出售虚拟土地（《第二人生》(Second Life)）；
- 赠送音乐游戏，出售音乐专辑（Tap Tap Revolution 软件）。

八、计算顾客的终身价值

企业必须突破以销售为唯一目的的思考模式，考虑顾客的终身价值，也就是要计算可从这名顾客身上获得多少利润。

比如一个新顾客在第一次的购买中给你带来了50元利润，假如他一年中光顾了三次，平均每次购货的额度是200元，在这200元中，你的利润是100元，那么这个顾客在两年时间之内的终身价值就是：50＋100×3×2＝650元。

比如一家奶粉经销商，它的产品适用于0~4岁儿童，如果每个儿童每月消费8袋奶粉，4年共消费近400袋奶粉。这就是销售目标：让顾客在4年内都购买我们的奶粉。

计算出了顾客的终身价值，那么和顾客在第一次的交易中就可以把价格降得很低，或者第一次交易不要利润。

实际上大小公司都是如此。

北欧航空公司：每个商务旅行者20年的价值为48万美元；

- 凯迪拉克：每位顾客30年的价值为33.2万美元；
- 万宝路：每个烟民30年的价值为2.5万美元；

- 多米诺比萨饼：每位顾客20年的价值为0.4万美元；
- 里茨酒店：每位顾客20年的价值为14.4万美元；
- 可口可乐：每位顾客50年的价值为1.1万美元；
- AT&T：每位顾客30年的价值为 7.2万美元。

因此只有计算出了顾客的终身价值，才能在第一次的交易中让利给他们。实际上这样不是要减少顾客第一次购物的金额，而是使顾客第一次购买愉快，从而增加回头率。

顾客的终身价值告诉我们，企业和顾客保持关系的时间越长，顾客给企业贡献的利润就越多。美国一个调查显示，对工业品而言，第一年从顾客身上得到45美元利润，第二年可以得到99美元，第三年得到121美元，第四年得到144美元，第五年得到168美元的利润。

顾客终身价值理论，提出了考核销售工作的新标准：顾客保持率和顾客占有率。销售工作做得好与坏，不只看卖了多少产品，实现了多少销量，还要看顾客保持率，即与顾客保持业务关系时间的长短。

1. 从市场份额到顾客份额

顾客份额是指一个企业为某一顾客所提供的产品和服务在该顾客同类产品和服务消费总支出中所占的百分比。顾客份额是以单个顾客为基础的，追求的是在单个顾客的同类产品购买中自己产品所占的比例。

将更多的产品卖给同一位顾客，不但有效率，而且更有利可图。研究发现，顾客份额是一个比市场份额更加重要的利润决定因素。在一些行业内，顾客份额增加5%，企业利润会增加25%~85%。专家研究的结论是，按照顾客忠诚度衡量的市场份额质量与市场份额数量同样值得重视。简单地讲，就是追求市场份额为企业带来销量，追求顾客份额为企业带来利润。

某个生意兴隆的化妆品专卖店老板有几个与众不同的做法。

（1）他的营业员在顾客离开时，一边对着顾客的背影鞠躬，一边对顾客说："非常感谢您的光临。"

（2）他利用午休时间，到周边写字楼，为这里的白领女员工做免费化妆知识讲座。在介绍完化妆知识后，他给每人发一张价值5元的折扣券。顾客拿着折扣券到他的店里买化妆品，可抵5元钱。这对那些年轻的女白领们还是有吸引力的，她们纷纷登门购买。

（3）每次顾客购买了产品，他会送一张"友情卡"，顾客下次再来购买，还可以折扣5元钱。就这样，他吸引了一个又一个顾客，也让顾客一次次地到他的店里来。

2. 年度顾客价值

营销人如果只考虑顾客现在能买多少，那就有些目光短浅，无疑会使自己失去很多销售机会。如果盯着顾客终身价值，又显得遥远而渺茫，眼前的销售工作无从入手。怎么办？一家保健品企业提出了年度顾客价值的概念，并据此开展销售工作。

所谓年度顾客价值，就是一年内顾客购买产品的总价值。把挖掘顾客的年度价值看成是销售目标。根据产品使用情况，该公司确定每位顾客年度价值是1000元，营销人的工作目标就是让顾客把这1000元掏出来。

公司把顾客分为100元、300元和500元三级，然后把挖掘顾客的未来价值作为工作的重点。

有的营销人可能会把那些这次买了500元的顾客作为重点顾客去服务。事实上，这样是错误的。因为顾客已经购买了500元产品，够五六个月用的了。未来五六个月内，顾客不会再次购买，即使你为他提供最好的服务，他也不会购买，并且，过度的服务就是打扰顾客，顾客会烦的，这样反而出力不讨好。营销人要着眼于未来有价值的顾客，比如100元的顾客，向他们提供服务，他们可能会再次购买。因此，营销人近期的工作目标是黏住他们。

3. 避免顾客流失

不管你的产品和服务做得如何好，顾客每年还会以10%~30%的速度流失。这是由各种各样的原因造成的：有1%是因为死亡，有2%是因为搬迁，有4%是因为改变了偏好，有5%是在朋友的推荐下更换了公司，有9%是因为在别处购买了更加便宜的商品，有10%是习惯性的抱怨者。

那么该如何来运作呢？

（1）评估顾客终身价值。企业要评估出每位顾客的终身价值是多少。

（2）让每一个员工明白顾客终身价值。从顾客终身价值的角度来看待顾客，而不只是每次交易时的销售额。

（3）强化与顾客的联系。向顾客卖出产品即宣告销售结束，然后接待下一位顾客，这不再是今天的生意经。销售并不是营销的最终目标，而是与顾客建立持久和有益品牌关系的开始，是把品牌购买者转化为企业品牌忠诚者的机会。

（4）倾听顾客的声音，了解顾客真正的需求。不管是公司一线业务员和服务人员，还是公司的高管，都要倾听顾客的声音，接触顾客，了解顾客。

（5）正确激励员工，培养顾客忠诚度。销量并不是一线员工唯一的指标，确保与顾客的关系，避免顾客流失，也是他们的重要责任。

（6）找到核心顾客，为他们提供有针对性的产品与服务。

（7）淘汰不合适的顾客，把有限的资源投入有利可图的顾客身上。为满足所有顾客的需要而进行的努力可能会对最终的业绩造成很大的损失。

（8）确定忠诚顾客占顾客总数的份额，这样，显示出企业顾客队伍的质量，为企业下一步的营销改进工作指明方向。

（9）延长与顾客的关系。每年顾客的平均流失率是20%，这表明企业与顾客关系的平均持续时间不到5年。如果能够把顾客流失率降低到10%，那么顾客关系的平均持续时间就会增加到10年，而且顾客终身价值（按照利润率计算）的增长将超过2倍。

（10）善待你的员工，因为他们在从事满足顾客需要的工作。

九、加盟与直营的利与弊（适用于所有加盟商）

【案例一】湖北鸭脖大王为何只做直营模式

食品行业最大的危机是食品安全危机，不能掌控的产品都会带来危机。

创办周黑鸭之前，周富裕仍偏安于武汉某一菜场小店，直到2005年，川味名吃连锁品牌“廖记棒棒鸡”进入武汉市场，他才从中得到启示：要将企业做大做强，必须在人流量较大的商圈开设专卖店。

2006年，周富裕开始全面扩张，将原来个体散户的经营模式改为统一标志、着装、销售、管理的连锁经营模式，产品线也扩展至包括鸭类、鹅类、鸭副产品和素食类熟卤制品。不过，当时扩张的范围主要围绕大本营武汉进行。周黑鸭麻辣香甜的独特口味迅速征服了不少食客，尤其是年轻时尚的女性群体，周黑鸭很快便发展成武汉家喻户晓的品牌。

至今，周黑鸭以武汉为总部，分别在江西省、湖南省、北京市和广东深圳市设立了子公司，但门店数量仅为200多家，而且集中在武汉市，这与周富裕坚持直营不无关系。但加盟成为其竞争对手攻城略地、占领市场的有力武器。同期进入卤制品市场的绝味鸭脖采取“直营+加盟”的方式，目前已有3000余家专卖店，遍布国内20多个城市。

“食品行业最大的危机是食品安全危机。不能掌控的产品都会带来危机，周黑鸭不做加盟，是因为人掌控着终端，人是最难掌控的，没法掌控的东西我们不做。”周富裕说。实际上，此前刚开始扩张的时候他也考虑过加盟，但发现加盟商注重的是利益，而不是品牌，他们会在终端私自卖自己生产的产品，这样便影响了周黑鸭的口味及品牌，那次教训让周富裕下定决心，坚决不做加盟。

对于品质的坚持，也正是天图创投所看重的。天图创投是国内最早从事创业投资的专业机构之一。“严控品质是我们投资食品行业的首要原因。加盟无法对管理与人力资源统一控制，无法确保扩张质量，在未来的某个节点很容易出现风险。”天图创投合伙人、周黑鸭董事王岑说，周黑鸭直营店与竞争对手加盟店的区别在于，单店销售赢利远远好于加盟店，品质也非常稳定。

周黑鸭在行业中的财务状况也是风险投资所青睐的。“投资者会考虑财务规模，直营店收入都归自己，而加盟店主要是收加盟费及食品销售。50家加盟店的收入可能还不如5~10家直营店的收入。”王岑说。周黑鸭副总杜汉武也表示，周黑鸭的单店产出是行业平均水平的三四倍。

不过，自古渠道为王，为数众多的终端门店本身就是品牌宣传、让消费者感知的有效方式之一，也有助于企业形成规模优势，最大限度地占领市场。对周黑鸭来说，一方面他们急需继续扩大市场终端布局，另一方面却因为为了确保品质坚持直营而影响了扩张速度。对创投公司来说，尽管王岑表示天图创投愿意和周黑鸭一起慢工出细活，将企业内功做好，但资本的效率始终是投资者关注的一个重要因素。如何在保证品质的同时实现规模扩张是周富裕面临的难题之一。

周富裕对麦当劳和肯德基模式一直很赞许，但这两个巨头最近也开始加大加盟力度。对于往后是否会逐渐开放加盟，周富裕表示，企业在不同时期会有不同的发展战略，对于此问题暂时持保留意见。

周黑鸭也通过中央厨房模式，将产品变成按照标准、流程、制度生产出来的工业化的产品。

口味是说服周黑鸭消费者反复消费的利器，他们如何确保口味的稳定性？这与他们采取的“中央厨房”模式不无关系。

“中央厨房”是一种技术稳定、便于复制、标准统一的大规模连锁经营管理模式，为企业连锁扩张提供了重要的支撑。上海一茶一坐餐饮公司的分店，店内没有厨师，而是由“中央厨房”为各餐厅配送几乎全部品种菜式的半成品。在餐厅内，操作工只需按照操作规范将半成品进行简单的加热和组合即可，复杂、艺术化的中餐烹饪变成了标准化的工业制造过程。真功夫也通过中央厨房模式，建立了华南、华东、华北三大后勤中心及餐厅厨房，简化传统处方的繁杂工作，实现了快餐标准化及连锁经营。

所以说餐饮业的核心竞争力绝对不在口味，而在于标准化的模式。

周黑鸭也通过中央厨房模式，将产品变成按照标准、流程、制度生产出来的工业化的产品。在原材料上，周黑鸭采取统一采购，与上游大型品牌养殖加工企业建立合作关系。整鸭则采取“公司+农户+基地”的订单农业模式运作，农户按照他们制定的饲料进行喂养，周黑鸭也有专门的人进行监督，以此保证生产原材料的质量及供应的稳定。

而从原料验收、化冰清洗、腌制、卤制、选货、摊凉、装筐、配送到最终的销售环节，周黑鸭都有一套严格的标准。

举个例子，每一批出厂的产品都必须留样检测，确保当天的产品安全新鲜；每一天成品配送之前，都要经过口味测评，保证每一批次的口味都保持一致；为确保产品在运输过程中不受到二次污染，针对人员手部、工器具、运输车辆、门店卫生等方面均安排品控人员随时监管等。而产品生产也形成了一整套流程，以鸭脖为例，选择生长期不低于3个月的山东鸭子，鸭脖统一要6根1千克的大小，人工分拣，按肥瘦、大小程度的不同分组，分别进行腌制、烤制、卤制，用蒸汽锅炉取代普通卤锅，使鸭肉入味更均匀。一只鸭子从半成品到最后的成品，需要8个小时、36个关键环节控制点。

而周黑鸭在业内率先引进的ERP管理系统，也让他们实现了“零库存”管理。“在行业里，做加盟有一个特点，加盟商订货后不可退货，这种方式造成很多安全隐患。这也是我们认为目前阶段不可能采用加盟模式非常重要的原因。”周富裕说。

那么，他们如何实现零库存呢？周黑鸭目前门店的配货都是实时配货，每天安排两三次的产品配送。他们组建了自己的物流体系，同时整合第三方物流。门店会根据销量进行订货，常态化的物流由第三方物流完成，比如下午4点~6点是购物高峰期，他们会在这个时间段供应60%左右的配送量，而紧急补货则由自主的物流体系完成。“说起来很简单，但需要做大量的工作，物流的调动、订单的准备、生产的排期等，通过链条的打造来实现零库存。"周富裕说道。

对周黑鸭而言，目前最重要的是夯实基础，进一步打造一个完整的管理系统及标准化、制度化的流程，维护好品牌，从而更好地复制到其他地区。在王岑看来，这也是周黑鸭的核心竞争力之一。因为周黑鸭的稳扎稳打，能够避免快速扩张带来的品牌风险，"中央厨房+直营"的模式，最大限度地确保了食品安全，而一旦有新产品或增值服务如与工商银行、招商银行合作，直营店又最具灵活性。

有业内人士指出，周黑鸭要想通过终端快速占领市场，最终还是要有限度地开放加盟，在快速扩张中保持现有的产品质量和服务，以及提升管理团队的整体水平，是对周黑鸭管理团队的两大考验。

【案例二】谭木匠为何只做加盟模式

谭木匠是一家世界上规模最大的以专卖店为销售终端的梳子品牌，也是梳子领域唯一的上市企业。目前，谭木匠专卖店共1000多家，其中加盟店占到了95%。

最初，谭木匠在一些区域也曾试过以直营连锁，但为什么最终还是选择了加盟？因为单店规模难以支撑起完整的直营和督导体系。

谭木匠专卖店平均面积在15平方米左右，员工人数一般不过两三人，属于单店规模较小的特许项目。由于定位在中高端，单店日均人流量并不大，每月收入也自然无法和大的餐饮店相比，是典型的以利润率取胜的连锁品牌。

以北京区域为例，假设北京近50家专卖店全改做直营，我们来算一笔账：

首先，直营店需要店长。由于客流小，姑且按平均5家店共同配备一个“大店长”来算，这就得需要10名“大店长”。按北京的工资水平，各项成本计算下来，这项开支每月将不低于5万元。而如果是加盟店呢？而总部只需要配备1名区域督导即可。

接下来算算基层员工的账。对加盟商而言，专卖店绩效与店员工资是直接相关的。销售好、赢利高的店，工资水平就高。同一个城市的不同专卖店，工资差异一倍也属正常现象，完全是市场自行调节。但如果是公司直营，同一个城市店员工资水平差异如此之大，店员之间如何能平衡？其结果必然要追求相近平等。人工成本上升不说，还影响了店员工的作积极性。

这只是显性人工成本，还有隐性人工成本。如果是直营店，劳动法规定的各种费用一样都不能少交。

以上还是建立一个完整的直营体系所必需的部分开支。其实，企业一旦跨区域做直营，掏的费用名目会较加盟成倍增长，羊毛出在羊身上，这些费用会分摊到区域内的直营店，对规模不大的单店来说都是一笔不小的费用；而如果是加盟，该省的都省了，不能省的，加盟商也会想办法帮加盟者省。

加盟商才能最有效地镇住场子

谭木匠单店的规模不大，员工也不多。是否认为这种店很好管理？是的，对一个“个体户”来说是如此，但是，当你拥有成百上千家这样的店时，恐怕不比管理肯德基容易多少。

为什么？因为肯德基单店规模大、流水大、员工人数多，它反而可以很好地利用现代管理制度来管理。而谭木匠这样的小店呢？除了基本的营业制度有效用之外，许多管理工具是用不上的。

举个例子，肯德基对员工的服务速度与质量，可以有相应的指标来考核，并与其薪酬挂钩。但对谭木匠的专卖店来说，如果套用这些考核，无疑是不现实的：谁来考核？谁来监督？不可能一个店还配备一个考核专员。

其实，对于谭木匠这类型的小店连锁来说，并没有太复杂的管理流程，更多的是需要依靠人性来管理。而在这点上，由于加盟商事必躬亲，整天和员工打成一片，更容易达到管理效果。

直营店成本太高：店租及装修总成本高出加盟店40%

专卖店成本主要有3大块：店租及装修、人工和营运成本。人工成本不再赘述。以一家二线城市15平方米的谭木匠店为例，其年租金约6万~10万元，装修约3万~4万元。这两项为显性成本。

如果是直营店，这两项开支肯定要上升。答案很简单，作为直营店的选址员，首先考虑的是店址是否符合公司的集客要求。至于租金，当然也要考虑，但高点低点并不那么重要，反正房租又不用自己出，只要租金不太离谱就行。毕竟总部也知道，如今想选一个理想的店址非常不容易。

而如果换做加盟商呢？肯定会反复砍价，往死里砍。同时，加盟商还会“一个商圈，多手准备”，在同一个商圈内，多找几个店址反复比价。加盟商一般都有或多或少的本地资源，店址信息也更灵通，因此，一定能找到成本相对更低的店面。

装修也是如此。加盟商去建材市场选材时，能不怕麻烦不怕累，锱铢必计，且断无回扣受贿之虞。这一点，直营员工无法做到。

因此，我们经常看到：同一城市同一商圈类型的两家店，直营店的店租及装修总成本往往比加盟店高40%甚至更多。

再来谈谈运营成本。如果是公司直营店，必然按照销售收入计税；而加盟店则可采用包税制。作为一个整体赢利非常好的品牌，包税制的总体成本相对更低一些。

加盟商比直营店长更尽心，更容易做大业绩

这是一个做事心态的问题。对加盟商来说，是创业者心态，自己就是专卖店的投资人，是老板，赚钱、亏钱都是自己的，自然倍加用心。他们可以加班加点，连夜上货而毫无怨言。而对直营店店长来说，则是打工心态。两种心态，效率和效益好坏，一看就知。

像谭木匠这种小规模单店，其管理复杂度远远小于其他行业。只要按照总部并不复杂的标准去做，直营团队并不比加盟商有多大优势。相反，加盟商因为“主人翁”心态，会想方设法去开源节流，会实实在在去服务好客户，提高成交率和客单价。这一“开”一“节”之间，直营店和加盟店的业绩差距就出来了。

加盟拓展更快：10个拓展专员 PK 500个加盟商拓展团

从某种意义上讲，每一个谭木匠加盟商都是拓展专员。只要加盟店是赢利且管理有余力的情况，每一个加盟商都有原始动力去扩充规模以摊薄成本、降低经营风险和提升利润。

此时，谭木匠总部做得更多的工作不是去拓展店面，而是合理规划商圈，给加盟商选址提供建议，挑选有价值的店址。

但是，由加盟商拓展市场同样也有局限性。绝大多数加盟商选址时是倾向于低成本的，他们更愿意保守地赚取1万元，而不是甘冒风险去赚取5万元。这就使得他们选址时考虑得最多的是房租，而不是形象。

因此，加盟商模式需要企业通过一定政策来引导市场发展。从公开的媒体报道中我们可以看到，谭木匠公司也正在积极求变，推出了形象店计划，以弥补其中的不足。

谭木匠之所以在尝试各种营销模式之后还是选择了加盟模式，其根本原因还是在于行业特征和单店规模。假如做直营，任何一个名目的开支，都会蚕食并不充沛的单店赢利。集腋成裘，积少成多，算下来就是一大笔惊人的费用了。

从某种意义上讲，谭木匠这样的小规模项目更适合加盟模式。当然，这也有两个前提：其一，项目本身有核心竞争力或行业门槛，否则，很容易被模仿，造成恶性竞争；其二，总部有强大的管理能力。

回头看谭木匠之所以能达到今天的成功，而不是像很多加盟企业一样在迅速扩张中死亡，很重要的一点就是谭木匠在发展中不断锻造自己的管理能力。这种能力主要包括总部到门店的管理信息系统、专卖店运营系统、巡店督导系统这三大块。由于本文重点不在此，因此不再详述。

十、商业模式创新思维的应用

【案例一】太平洋建设集团的 BT 模式：既是蓝海市场，更是商业模式的创新

BT（Build and Transfer），意即“建设——移交”，是政府利用非政府资金来进行基础非经营性设施项目的一种融资模式。

严介和是太平洋建设集团的董事长，他的商业模式创新有两招：第一招就是做“BT”模式，就是自己垫资建好基础设施项目后移交给政府，再由政府在几年内按约分期付款。第二招就是正负资产的零收购，这两个环节是紧密相连的。

“BT”模式是怎么做的呢？为城市做大型基础设施建设。政府没有钱做市政建设，没有钱做形象工程，那就由他来投资做，他出钱把大型工程完成了，政府给他什么好处，就是国有企业的打包收购，即赢利的企业和负债的企业之间的赢利额相加等于零，他一分钱也不出来进行收购。

“BT”模式的力量

严介和第一次采用BT模式运作基建项目始于1996年。当时，位于经济欠发达苏北地区的某市政府希望建一条南北走向的市府大道，但市财政又一下子拿不出那么多钱来，就由他垫资上马。从这项工程以后，严介和就将“BT”模式迅速复制到全国其他经济欠发达地区，至今共承接了近3000亿元的订单。

吸引这些地方政府与太平洋建设集团公司签约的是严介和以整座城市为单位的超大规模的BT基建模式。比如他承诺将在5年内出资50亿元建造市政基础工程。该市政府要在验收移交之后的5年之内分批将工程建设款“还清”。此外还要按银行同期利率的50%支付他的集团公司建设时的垫资利息。也就是说，他们也要收利息，但是他们的利息只有银行的一半。

借助严介和公司的BT模式，那些手头资金一时不太充裕的市长们终于也可以迅速改变自己的城市面貌。

严介和做BT时制定的还款方式很巧妙。比如做120亿元的工程，他每年投资20亿元，分六年完成。工程验收后，政府分批分期来进行还款，每年还验收工程费用的25%。但是，他的工程不是全部做完才验收的，而是分期施工分期验收，这下资金链就接起来了。

第一年严介和不用投足20亿元，10亿元就可以启动了，剩下的工程款通过分包来实现，那第一年10亿元就可以启动。

第二年严介和只要投入5亿元，为什么呢？在第二年的时候政府就要进行还款，履行还款计划。还20亿元的25%，也就是要还5亿元。所以第二年他只要投入5亿元，再加上政府还的5亿元，剩下的10亿元还是分包，就可以再启动20亿元的工程。

第三年政府要还严介和两个25%，就是40亿元的25%，就是还10亿元，也就是说第三年他就不用投钱了。就靠政府的还款来投入第三期的工程。

第四年政府要还严介和3个25%，也就是60亿元的25%，第四年政府要还他15亿元，他在第四年不仅不用投钱，还有5亿元的赚头，可以用来做其他的投资了。

第五年政府要还严介和4个25%，就是80亿元的25%，还他20亿元，这个时候第五年的工程投入，他不仅不用投钱，反而手上还多出了10亿元的政府还款，可以投资去做别的项目，工程到了这个时候变成了融资的工具，实在是高明至极。

严介和与一般“包工头”向个别官员行贿的做法相反，他通过为地方政府暂时无力兴建的基础设施建设项目进行垫资，用BT模式帮助市委、政府、人大、政协四大班子挣足了政绩，转而被允许以“零竞争”甚至“零价格”收购当地的大量国有资产，他的公司签下的这些基础设施建设工程项目，没有一次是经过公开招标的。

没有招标，不是说没有公示过。在严介和的公司与政府签协议的时候，这些项目都已经在地方政府和建设部、交通部等网站上按规定时间进行了公示，但最后没有人能够敢和他的公司竞价。

但在严介和奉为“秘密”的商业模式中，有一个至关重要的环节，即政府能不能按时还款。他的办法是，当政府无钱偿还的时候，可以采取两种模式：一种由政府担保，他的公司融资；另一种就是由他的公司担保，政府负责融资。那么还有个成功的细节，市委书记和市长必须没有矛盾，如果有矛盾，他们宁愿不做。这也是关系到最终能否顺利收到钱的一个环节。

正负资产零收购，与法律打擦边球

零资产打包收购在法律上是说不过去的，为什么？因为每个企业都是有独立法人的，而且资产不存在负资产的说法，企业即使亏损申请破产，它的资产是零，不可能出现负数。

所以严介和打了个巧妙的擦边球，因为他把赢利的企业和亏损的企业打包在一起，这样两家企业的资产之和就等于零，他就不用花钱来收购了，这就是严介和很快成为中国前几名富豪的原因，这就叫作商业模式创新。

【案例二】巧妙利用拍卖行的模式

拍卖行是一个新兴行业，但很多人仍未能接受，导致其经营状况也不太理想，很多政府为了使已有的拍卖行能够盘活，已经停止了拍卖行的审批。

有位深圳老板，他是做外贸的。现在外贸商品批发竞争已十分激烈，按照正常的经营思路，难以获得超常利润。那么怎么办？此老板收购了一个拍卖行，通过拍卖行这个转换平台介入到一些关联企业的经济往来中去，变相地把必须高价买入的商品，通过拍卖行变通地低价买进。就这样，这位老板在商贸经营中大展拳脚，下属集团的商贸业务很快就发展起来了。

【案例三】巧妙利用法律手段规避行政壁垒

在一次证券界的研讨会上，一位来自北京的科技公司的老板发表了关于投资之神巴菲特的独到见解：

“巴菲特的投资理念并不是那些书呆子所鼓吹的买进绩优股长线持有不

动，它的投资新思维的核心是买进一个价格较低、行业前景尚可的公司。大家应该特别注意，是买进一家公司，而不是仅仅买进股票，这样可以通过上市公司的财务重组来使公司的业绩得到改善和提高，再利用二级市场上的定价杠杆效应提升股价，比如说市场的市盈率是50倍，股价的提升高度就是每股收益乘以50。”

最后，这位京城来的老板扬言，资产重组将成为大资金最实用的商业模式。这一番言论引起了另一位证券界大腕的关注，于是他派人跟踪这家企业的行动。

两周后，有了结果，这位京城来的老板飞往黑龙江的一个边远小城。这位大腕立即查询黑龙江这个小城附近上市公司的情况。果然发现一家钢铁企业的股价走势坚挺，有明显的大资金进驻。

为了谨慎起见，这位大腕动用了部分资金进行试盘，发现有机构吸纳股票的心情非常急切，于是他利用个人账号分散买进200万股，后来该钢铁的股价从4.5元一直涨到近20元，获得了巨大的利润。

本来他可以获得更大的收益，但他一直担心民营机构收购国有法人股，会受到地方政府或其他股东的人为干预。后来股权转移公告出来后，他不由得为这个民营机构的运作智慧叫好。

原来这个北京民营机构采取的收购方法是以收购的总价款借钱给这个上市公司的大股东，这个上市公司用股权进行抵押，时间是半年，这正好为二级市场的股价运作提供了时间。借款期到时间后，上市公司的大股东不用还钱，由北京机构状告上市公司的大股东，要求法院把上市公司的大股东用做抵押的股权强行规划给自己。由于双方都没有异议，法院当然愿意这样干。

这样做把股东大会、上级批准等可能泄露重组消息等全都避免了，利用有效法律手段绕开了可能的行政障碍。这家北京机构的商业运作是非常精巧的，他们对政策法规条款盲点的研究达到了许多企业根本不可想象的地步，这是许多知识精英们的优势。这也是知识经济的力量。

【案例四】集团快速成长、发展壮大的商业模式：超市、楼市、股市三联动

家电连锁超市迅速壮大的模式

家电超市现在的利润是2%，也就是卖一台彩电只有2%的利润，现在一台彩电大概就是200元钱的利润。卖200元钱，家电超市只赚4元钱。

但是大型家电连锁超市往往在几年内资产规模就可以达到几十亿，许多人对此感到迷惑，百思不得其解。其实，这是商业资本与金融资本相结合所创造的奇迹。

一个家电超市发展到超大型的规模后，一般就不再主动去采购，而是反过来，对厂商进入审批，也就是厂商主动把货送过来让它卖。

在这种情况下，家电超市根本就不预付货款，而是厂商铺货到店铺内，等到货品卖出去之后，家电超市才向厂商付钱，卖不出去的产品就原封不动地退还给厂商。一般的结算方式是3个月结一次、半年结一次，甚至是一年结一次。这样一来，家电超市手里就可以集结一笔规模庞大的现金了。

如此累计，各大厂商都不得不把他们的一部分货款作为无利息贷款放在家电超市的账上，大笔的现金流汇聚在一起，就很容易形成一个净资产只有10亿元的家电超市却拥有40亿元，甚至50亿元现金流的现象。

在聚集到这样巨大的现金流之后，家电超市就可以进行一些资本运作。但更多的做法是将这笔钱投入到地产业或其他行业牟取暴利，然后再用这笔钱支持公司继续扩大经营规模，压低价格，打击竞争对手。

家电超市的商业模式是占用供应商的巨额现金流→买地贷款→（又放大一次现金流）盖房→出售套现→连锁扩张→更大规模地占用供应商的现金流→进入下一个循环。

也就是说，家电超市的生存是建立在连锁零售的基础上，但是其赢利点却不是在连锁零售，而在地产及其他行业。

接下来顺理成章，资金充足了就可以准备上市了。到例如百慕大群岛、维京群岛这些免税金融中心，注册壳公司，有了这个壳公司之后，就连续两次增发新股。通过增发股，家电超市就可以扩大股份，成为绝对控股的上市公司。

接下来，上市公司制造舆论，吸引全国股民的关注和认购，这样一下子就把股票拉升起来。拉升起来之后减持股票，家电超市是绝对控股股东，股票一减持，立即就可以套现50亿元。

减持后势必会影响到家电超市的控股地位，那接下来怎么办呢？家电超市再用上市公司的钱来买它开发的房地产，买它的储备用地，再来消化卖不完的房子，这样，用左手的钱买右手的货，又把股份增加了，如此这般反复地增持、减持下去。

这就是一个高明至极的商业模式——超市、楼市、股市“三市联动”。这个商业模式就像魔术一样，快速、隐蔽而巧妙。当今能做大的老板，一定有一套秘不可宣的看家法宝——创新后的商业模式。

【案例五】“汇源”创始人朱新礼“空手套白狼”起家史

朱新礼原是山东省沂源县的一名公务员，曾担任县外经委主任，相当于正科级，1992年辞职下海，买下当地一家亏损超过千万元的罐头厂。

所谓买下，其实只是开出一张远期期票，因为当时他并没有钱，无法用现金购买。他以用项目救活罐头厂、养活数百名工人、外加承担原厂450万元债务等为条件，将罐头厂买下。罐头厂拿到手后，朱新礼由于手头缺钱，便想办法做补偿贸易。

朱新礼通过引进外国设备，以产品做抵押，在国内生产产品，在一定期限内将产品返销外方，以部分或全部收入分期或一次抵还合作项目的款项，结果他一口气签下了800多万美元的单子。他当时答应合作方分5年返销产品，部分付款还清设备款。

1993年初，在20多个德国专家、工程技术人员的指导下，他的工厂开始生产产品。正在这时，他听说德国将举办国际性食品博览会，便立即购买机票，单刀赴会。

在当地华侨的帮助下，他先后在德国慕尼黑和瑞士洛桑签下第一批订单：3000吨苹果汁，合约500多万美元。他由此掘得第一桶金，此后便一帆风顺。如今，汇源已成为国内最大的果汁生产厂家。

朱新礼的商业模式是：承诺付钱预先盘下企业→用贸易补偿方法以产品换设备→以产品抵押生产新产品→以新产品返销赢利→还款→再签新合同守信用→出口→赚钱→进入下一个循环。

这种模式的特点是：盘活库存，把存货当设备，把存货当钱，然后大胆地签订新合同，并用新合同融资、还款。通过这种方式实现了原始积累，并不断滚动发展，最终找到果汁这个在中国还没有形成气候的产品，然后又利用先发优势，迅速做成行业的老大。

【案例六】广东邦家全新的租赁加销售模式

如果把租赁的目标消费群体分为集团租赁和私人租赁两个板块，目前邦家租赁公司的客户主要是集团客户。现在它已与150多家大企业合作，出租产品达数千件。

走进邦家租赁公司的卖场，诸如凯美瑞轿车、笔记本电脑、手机的柜台、LV皮包、钢琴、家具应有尽有。这里的一切商品都可以租，包括家用电器、沙发、灯具、健身器材、办公坐椅，甚至窗前的茶座、墙上的油画、楼上闲置的会议室都可以租。

比如租用一辆价值10万元的汽车一年，如果顾客有银行信用担保，只需一成保价即1万元，就能把车开回家；没有信用担保的顾客，则需付三成即3万元，才可成为暂时车主。不过对于这两类顾客来说，所需支出的租金没有差别，都是5000多元。

对于家电商品，租客需支付商品价格的70%作为押金，可以选择一年期、三年期、五年期不等的租用时间，每年的租金大约相当于市场价格的20%。

过去电器租赁公司大多出租老旧电器，但在邦家租赁，租到的全是崭新的产品。邦家租赁为此要向厂家大批量采购崭新的产品。

当然，所有商品都是租的时间越长，每年的单价就越便宜。如果最后你想把这台电器买下来，只需要把余款付清就可以了。

以租赁形式出现的广东邦家租赁，通过为租客省钱、为厂家赚钱、自己又赚租金这种三方受益的方式，开创了一种全新的商业模式。

邦家租赁准备用4年时间，在国内一线城市形成50家直营连锁旗舰店。

改良的租赁模式

这种以“租”代“买”的生意，在国外已经有了先例。从20世纪60年代起，美国的消费品租赁服务业开始盛行，家居陈设、厨房用具、汽车、晚礼服，所有日用消费品无一不租。巴菲特旗下的寇特公司就以这种低租金、零质押和以租代售的商业模式赢得了财富500强公司的合作伙伴和遍布30多个国家的客户，而美国最大的连锁家居租赁巨头RAC的租赁店多达3000多家。

顾客之所以以租代买，其实这也是一种新的消费观念。举个例子：自从出现了著名钢琴家朗朗，上千万家庭都想把自己的孩子培养成朗朗那样的明星。于是，钢琴供不应求，不少家庭将硕大的钢琴搬进了客厅。然而三五个月后，家长就会发现自己的孩子根本就不是学习音乐的料，这钢琴既占据了不小的空间，花钱不少，烦恼不小，处理起来又非常棘手，买进来容易，卖出去难。

邦家租赁发现了这个需求，认为能从中挣钱。客观上，这种以租代买方式能够解决中国日用消费品产能过剩的问题，而且这种方式在国外已经成功。如果一种模式在国外从来没有过，或是从来没有成功过，那也意味着巨大的风险。因为领先两步有可能成为先驱，领先一步有可能成为先烈，只有领先半步才能成功。

邦家租赁决定把在美国创造了上亿美元收入的商业模式引入中国。但是必须对美国现有的租赁模式进行改良，比如，在中国尚不成熟的信用体系下，必须要收取一定的抵押金。

邦家自己摸索出一套商业模式和财务模型：

邦家以团购低折扣买进各种居家产品，租赁实物的同时提供配送、维修、更换等一系列服务，收取相当于进货价的抵押金和租金后，向供货商支付货款。一般来说，家私的进货折扣最低能够达到2~3折，家电平均5折左右，而格力、海尔、美的这些差不多都是6折或7折。

而邦家的折旧率和定价体系都借鉴美国租赁业，根据每件商品的折旧收取租金。比如，1年期租金相当于产品进价的20%，而租期越长，租金递减。其中，电脑、手机、LV皮包等电子产品和奢侈品的租赁周期可以天、周、月来计算，由于这些产品折旧很快，短期租金也会比较高。这种模式的优点还在于，邦家引导长期租赁可以为公司提供相对稳定的现金流。

邦家租赁的模式，也吸引到风投关注。广州兆晋投资、香港美满投资共同投入首期3亿元的启动资金，巴菲特旗下的寇特公司也表示愿意参股。

邦家同时设计了“二次销售”的模式，即在租出去的产品回收后，邦家请厂家翻修，请代理公司到三级城市或农村市场折价销售二手品，或者开一个二手货租赁店，这样租金会低得多。

邦家的财务模型和发展方向都经过了创业团队的充分讨论，他们的资金链问题也都请精算师仔细地算过。他们做出了保守的10年规划，第一年赔钱，第二年基本持平，第三年略有赢利。不过，邦家的经营比预计中要乐观得多。

2008年12月12日，邦家开业当天的营业额接近500万元。也就是说，邦家一年内就可以实现四五千万元的营业额，收支基本持平，而且现金流非常充沛。

整合租赁供应链

在零售业，工商关系紧张几乎是常态，强势的家电连锁销售商占用供货商的资金跑马圈地，更是让家电厂商吃了不少苦头，而邦家租赁却不一样。

邦家给出的合作模式是，邦家作为厂商的特约经销商，只要有人租，就会付现金给厂商采购，绝不压供货商的资金。这一点就吸引了很多供货商。

现在，邦家有40多家供应商提供2000多种产品，而通过规模经济会让成本继续下降，但邦家要求在超过6折的产品上与厂商采取合作的形式，免费铺货，不再现金采购，这样就和国美、苏宁一样了。

十一、轻资产模式（适用于所有行业的创新）

【案例一】美国的电话医生

一家叫"电话医生"的美国医院，没有全职的医生，没有诊所，看病都通过电话进行。病人只需拨打24小时服务热线，在3个小时内医生就会回电话问诊。

如需开药，处方会在一个小时内送达到病人的药房（美国人都有自己的药房），病人便可顺路去取，减少去医院折腾的时间。

电话问诊时间通常10分钟左右，每次支付35美元，其中医生可以提成23美元。医生都是兼职的，共有170人，来自美国50个州。他们只为所在州的病人服务。

"电话医生"只为会员服务，目前有100万个会员。病人注册时交18美元会费，月租金4.25美元。若是家庭一起注册，人越多越便宜，7人以上，每人月租金只需1美元。

"电话医生"于2002年创办，原本的定位是面向个人提供服务，但现在也为企业、为工会服务。美国人的看病费用都纳入医疗保险，对个人和机构来说，都是一种廉价、方便的辅助选择。

【案例二】只有3个人的旅游公司

有这样一家旅游公司，他们专门带领游客看日食、看月食、看流星雨、看北极光等天文现象，他们公司除了3个全职人员外，其他员工都是兼职导游。但就是这3个全职人员的公司，每年却创造了600万美元的利润，这就是游索旅行公司。

比如2008年8月1日和2009年7月22日的日食，游索旅行公司组织游客搭乘空客A330，穿越北极一路“追日”。每位游客的费用高达13000美元，但座位早在一年前就被抢购一空。

在创业初期，游索旅行公司与著名天文杂志《天空和望远镜》合作，针对天文现象预报，敲定最佳旅游线路。为杂志撰写文章的天文学家也全程随团，开设天文讲座。

真正意义上的日全食维持的时间只有几分钟，但是从开始到结束的整个过程大约有一个半小时。这就好比人们愿意花钱买最佳的位置观看一场90分钟的足球赛，进球可能只有一瞬间，但整场比赛的精彩激烈让你觉得，这一切都是值得的。

【案例三】爱尔眼科充沛的现金流

2009年10月30日，湖南爱尔眼科医院在深圳创业板正式上市，募集资金已经从之前的3.4亿元飙升到9.38亿元，在创业板第二批招股的9家企业中是集资最多的，28元的发行价也使得爱尔眼科董事长陈邦的身价一举飙升到18亿元。

两次坐上医改政策的“顺风船”

爱尔眼科的老板陈邦，1965年出生，2003年前创立了爱尔眼科医院，如今在全国已经建立了19家连锁医院，对于这样的发展速度，陈邦将其归因为自己准确地抓住了中国医疗产业发展的两次机遇。

这两次机遇是指2000年2月国务院公布的《关于城镇医疗卫生体制改革

的指导意见》和2009年1月国务院原则通过的《2009 — 2011年深化医药卫生体制改革实施方案》。根据方案的预算，今后三年各级政府将投入8500亿元用于医改。

陈邦原来做的是医疗器械租赁生意，主要是把国外眼科设备租赁给国营医院，并和医院科室合作经营。但是他认为，长期来看，租赁设备、合作经营并没有出路，因为自己没有医疗品牌，租赁的延续性便得不到保证。

受到政策的鼓励，陈邦于2003年在长沙建立爱尔眼科医院，此后不到一年时间，他先后在武汉、成都、衡阳又建立了3家爱尔眼科医院，其基本模式均是采用租赁房屋的轻资产模式。

爱尔眼科定位于二、三线城市，庞大的需求带来充沛现金流，使它可以轻资产运营：通过融资租赁获得设备，借医院场地，然后跟医院利润分成，以现金流抵押贷款。

眼科诊疗投资收益较高，而且收入中除20%来自于药品和材料外，大部分来自于手术。爱尔眼科的定位很好：为二、三线城市的眼科患者，提供白内障及近视治疗等眼科诊疗服务。这是非常好的切入点。据统计，每年准分子激光治疗近视市场有40 ~ 50亿元规模，白内障、眼底疾病方面有250亿元规模。

而这一市场的医疗资源严重不足，对专业眼科医院需求大。爱尔眼科通过连锁模式，迅速进入这片市场。目前，爱尔眼科在全国建立了19家连锁眼科医院，并获得了充沛的现金流。

“三级连锁制度”成增长法宝

爱尔眼科之所以能够在8年时间里在全国迅速建立医院，成功上市，主要是得益于其独自摸索出的三级连锁制度。

爱尔眼科把临床及科研能力最强的上海爱尔作为一级医院，把具有一定规模和较强临床能力、位于省会城市的连锁医院作为二级医院，把建立在地市级城市的医院作为三级医院。

在运作中，三级医院各司其职。一级医院主要为公司的技术中心，对二级医院进行技术支持；二级医院主要着力于开展全眼科服务，并对三级医院提供技术支持；而三级医院则侧重于常见眼病的诊疗服务。

为什么爱尔眼科这么重视三级市场？根据医改政策，医改将惠及广大的乡镇人口。全国的人口中，只有10%~20%的人口集中在省会以上城市，地级以下城市则集中了80%以上的人口，把长远的发展重点放在地级市，是符合中国国情的。

与医院合作的商业模式

在很多综合性医院，眼科是小部门，设备和技术落后。爱尔眼科引进设备和技术，与医院合作，借用医院场地经营，利润双方分成。

医院有个特点，就是现金流好，所以设备采购能做到向供货商分期付款（比如首付30%的货款）。首付款也不是通过现金，而是通过银行承兑汇票，获得资金周转时间。设备还能采取融资租赁模式获得。合作者有深圳租赁公司、新世纪租赁公司等。

虽然没有地产做抵押担保，银行仍然同意爱尔眼科以其品牌担保、用现金流做抵押，提供贷款。可见一个公司现金流充沛是可以去银行贷到款的。

【案例四】轻资产咨询公司，荟才环球的员工没有办公桌

“荟才环球”是一家企业咨询公司，公司里只有寥寥几张办公桌，他们的员工大多数没有自己的办公桌，一年中有2/3的时间员工在客户的公司工

作，余下的1/3时间大多是在旅游。

荟才环球和四大会计师事务的业务内容差不多。不同的是，荟才环球为客户和员工提供了其他公司不能提供的灵活性。凭借这一点，这家既像会计师事务所又像咨询公司，甚至还有点像猎头公司的企业，在12年内飞速成长，一年营业额接近10亿美元，成为咨询业里的一颗新星，多次被《福布斯》杂志评选为最佳成长性企业之一。

荟才环球的前身是一个会计师事务所内部从事咨询服务的分支部门。1996年，通过管理层收购成为一家独立的公司，2000年在纳斯达克上市。

目前，荟才环球已经成长为拥有4300多名专业人员、在全球50多个国家和地区拥有80多家办事机构的跨国企业。

2008年，荟才环球才进入中国市场。荟才环球之所以能取得成功，是因为它独特的咨询服务模式。它不是一个传统意义上的咨询公司，也不是一个传统意义上的外包公司。

首先，它提供企业需要的高性价比、项目制的高端人才。它向企业内部输送专业人才，帮助企业解决问题，从而实现企业的变革。

同时，公司本身在人才管理方面也有其独到之处。他的员工可以根据自己意愿来决定是否上班或休息。

传统咨询公司的团队往往是这样构成的：一个有经验的合伙人，带着几个高级经理，然后是一批刚毕业不久的员工，去客户公司工作几个月，但是这些员工本质上是咨询公司的员工，他们代表的立场是咨询公司的立场。

而荟才环球往往是派出一两个具有丰富经验的行业专家，然后和企业内部的人共同组成变革小组来实施业务。客户在用这些人的时候，是把他们当成自己内部的员工来用的，是他们内部的一分子，而且他们有实际权力，而不仅仅是咨询的角色。

那么荟才环球的很多业务是和四大会计师事务所重合的，荟才环球如何与他们竞争？“四大”雇用的是全职员工，因此无论是否有业务，都必须给他们发薪和提供办公场所。

但是荟才环球的员工不需坐班，这样就减少了办公室等成本开支；只有企业有需求的时候，公司才会派遣员工去工作，公司只需要为员工支付工作期间的薪水，因此荟才环球的人力成本要比他们低很多。

另外，会计师事务所需要向公众出具企业的审计报告，如有不慎，往往会给企业的信誉造成很大影响。因此会计师事务所在为企业出具审计报告时，都必须提前计提风险准备金，这就导致他们的收费居高不下。但是荟才环球不需要向公众提交审计报告，因此就不需要承担相应的风险及收费了。

举个例子：四大会计师事务所的一个典型的员工是30岁，4~6年的工作经验，其中有3年是做咨询服务的，收费是200美元/小时，其中有40美元是为承担法律风险而计提的准备金，还有20美元是包括办公室等在内的商业成本。

而荟才环球的一个典型员工是40岁，18年的工作经验，有3~4个公司的管理经验。但是因为荟才环球省掉了法律风险成本和商业成本，所以收费只需要140~150美元/小时。荟才环球可以比四大的服务价格便宜20%~40%。这正是荟才环球的竞争力所在。

那么荟才环球的业务又和一般的猎头公司有什么区别呢？猎头公司通常是企业需要什么样的人，就帮企业去市场上找，这需要一定的时间。而荟才环球则拥有大量特殊的、高端的人才资源。当企业需要时，马上就可以

“借”给客户使用。猎头公司通常无法提供非常高端的人才供短期使用，而荟才环球可以做到。

荟才环球目前有4000多个和他们签订合同的员工，他们的人才资源是从何而来的？一部分是在咨询行业中浸淫多年的资深人士，他们很多具有十多年的专业工作经验，非常熟悉客户的需求。另一部分本身就是企业高级管理人员出身，在自己的领域拥有丰富的管理经验。目前这两种员工的比例各占一半，但是从长远来看，后者会成为主流。

那为什么这些咨询顾问愿意接受他们的经营模式？这些人有一些共同的特点，就是已经厌倦了一年365天、在一个行业、为一家公司持续地紧张工作。相比赚钱，他们更关心自己的生活品质，他们希望能够有更多的时间可以供自己自由安排，譬如他们希望一年之内有一半的时间可以照顾家庭、出外旅游，然后有一半的时间出来工作，或者其他更符合他们需要的工作安排。

荟才环球现在就提供给他们这样一种可以自由支配时间的工作安排。他们也可以自由选择工作时间是三个月还是一年的项目。这样的工作模式对于他们非常具有吸引力。

既然荟才环球提供的人才在专业领域拥有丰富的经验，那会不会出现这样一种情况：也许企业觉得这个人用得不错，从而把人挖走呢？

是有这样的情况，但非常少。为什么？因为这些人都是追求生活品质的，不愿意一整年去工作，挖过去就意味着一整年的工作。企业的高管在和他们的员工接触后，发现他们的工作方式正好是他们所期望的，反而有更多的高管加入荟才环球。

荟才环球这样的轻资产模式之所以能够成功，其中的原因究竟是什么？

因为在这个飞速发展的时代，企业面对急剧变化的内外环境，需要不断变革才能生存发展。由此产生了大量临时性的工作以推动企业的变革，这些工作短则两三个月，长则两三年。这些工作很重要，但是出于成本的考虑，企业并不愿意为此设立新的部门和职位。

企业内部缺少在这方面富有经验的人才来胜任这样的工作，而且很难在短时间内培养出相应的人才。而且有些变革，靠企业内部的力量是难以推动的，往往需要借助外部的力量。

因此很多企业有这样一个想法：希望有一些高端的、富有经验的专业人才能够帮助他们解决这些问题，最好马上能用，做完就走。

【案例五】一家轻资产的健康护理公司

美睇系公司（Amedisys Home Health Service）是美国一家专门做家族健康护理的公司。它近三年年均“每股赢利增长率”达30%，而且近半年股价还有12%涨幅。

它的商业模式有什么特别之处呢？

首先，它的客户主要是80~84岁的老人，老人付给美睇系的钱，不是他们自己掏腰包，而是由美国联邦医疗保险出钱。

其次，成本相当低。只需派人员到病人家中，无须投入医院病房、医疗设备等固定资产，是“轻资产”。

美睇系建立了一套网络系统，可以有效地管理病人信息、护理过程，以及遍布美国的分支机构。有了这一利器，它就能通过收购进行扩张，把机构开到美国人的家门口。

投资者为什么这么看好这家公司呢？至少有一个明显的理由，那就是它的客户会越来越多。

美国在第二次世界大战后曾掀起一股生育狂潮，这就是“婴儿潮”。这一代人正开始跨入65岁以上，进入老年期。2000—2030年，美国老年人数量将从3900万增加到7900万。

随着他们进入联邦医疗保险体系，家庭健康护理行业将进入“井喷期”。

那么联邦医疗保险为什么愿意为美睇系这类家庭健康护理公司来付钱呢？有它们在老人家里提供护理服务，可减少老人的住院、医疗费用。总体上，就节省了医保开支。

来自联邦医疗保险的收入占美睇系总收入的九成，其中大部分用于支付家庭健康护理服务。

美睇系经营现金流强劲。由于医保支出来自美国财政支出，国家给钱非常爽快，如果提出申请，还能得到60%的预付费。

那些没进入联邦医保体系的老人，通常也不用自己付钱。美国有发达的福利和保险体系，美睇系的一成收入，基本来自公共医疗补助体系和私人保险公司（美睇系通常会与之签订第三方协议）。

不过美睇系的主要支出，来自于人员。目前它的雇员超过8900人，分布在482家机构中，覆盖了美国大多数地区。平均每家机构，只有不到20名雇员。

雇员主要由全职或兼职护理人员、医师、职能人员、市场开发人员组成。此外还有大量合作伙伴，如志愿者、签订了有偿服务合同的医师等。

所以，人员出访直接影响美睇系的支出。2007年共出访430万次，相当于每天每名雇员至少出访1次。

由于是在病人家中提供服务，美睇系需要在美国各地遍布护理机构，它主要通过收购来实现扩张。

2007年，美睇系进行了10次收购，获得了38家家庭护理机构和11家临终关怀机构。

它通过一套系统，整合各家机构及病人信息。

集权式的“家庭健康护理输送平台”可有效管理各个州的运营。

“便携电脑系统”能让健康护理专家实时获得病人信息。这项综合技术，使所有病患数据都通过标准格式输入，并通过电子系统交流和处理。此外，还可统一收集评估数据、安排对病人的访问时间、生成医疗订单和监测护理情况等。

“护士呼叫中心”则能追踪护理进展情况，以便为病人提供最优的全套护理。

有分析师表示：“公司能通过整个网络系统，极流畅地进行技术服务。一旦收购了其他机构，也能够在极短时间内，融入这个电子网络中。”

虽然美睇系的毛利率超过50%，但净利润率却一直不到10%。

它的费用支出高昂，2007年为2.78亿美元，六成多是薪资和福利支出，其他为设备和服务费用、租金、差旅培训费用、公共事业支出等费用支出。

【案例六】轻资产的大学——美国斯特雷教育公司和阿波罗教育集团

美国斯特雷教育公司的主要资产就是斯特雷大学，学校教师大部分都是兼职的，校舍基本上靠租用，主要的赢利方式就是不断开设新校区。

2001~2007年，斯特雷大学的校区从14个增加到55个，注册学生人数从1.2万增加到3.6万，学费每年提高5%。学校管理层称，新校区的年收益率超过70%，每年的净利润率在21%左右。

斯特雷也被《福布斯》杂志评为“2008年福布斯最佳小型企业”。2008年，它的股价也逆市上涨27%。

美国有3亿人，无学位的人有9000多万人。很多人为获得更高的收入而选择在职攻读学位，但又要兼顾工作、家庭。斯特雷大学要做的就是他们的生意。

斯特雷大学不会把钱花在建校舍上，租就行了。它将更多的钱用于培养分校校长、聘请更好的教授。只要能够不断开新校区，保证教学质量，招来学生，公司就财源滚滚。

斯特雷大学97%的收入来自于学生的学费。每开一个新校区，斯特雷大学通常就要投入约100万美元，主要用于改造租来的校舍和购置设备。第一年大概会亏损100万美元，只要学生不断增长，就没任何问题，通常在第六季度就开始赢利。

新校区学生增长的情况一般是这样的：每年会增加100~150人。五六年后，即成长为成熟校区，在校学生人数大致稳定在1000~1200人，想再增长就比较困难。当然收入也比较稳定。

这就是斯特雷大学为什么要不断开新校区的原因。这样才能保证学生人数不断增长。企业就像斜坡上的滚珠，不进则退。

阿波罗集团是美国最大的私立高等教育机构，现有在读学生36万人，比第二名“职业教育集团”的9.8万人多了近3倍。

阿波罗教育集团旗下的凤凰城大学，也是轻资产大学。凤凰城大学是一个庞大的机构，拥有教师23000人，并在美国设立了200多个校区。

他们的校区全部是租来的。这些校区并不是传统意义上的校园，没有体育馆，没有学生活动中心，没有固定学期。租期一般为5~10年，几乎每个校区都是一栋三四层的教学楼。

这种租赁教学楼的方式，使凤凰城大学固定资产占总资产的比例仅为19%，其营业利润率维持在25%以上。创始人斯伯林成为美国教育行业首富。在金融危机背景下，公司股价在2008年仍上涨10%，从1994年上市至今已涨了70多倍。

除此以外，他们还有一个新颖的模式：他们建立一支财务代表队伍，专门帮在职成人申请联邦助学贷款和助学金，这成为它76%的收入来源。

【案例七】轻资产模式卖海岛，22 个人卖了 2000 个岛屿

瓦拉迪公司创始人法哈德·瓦拉迪（Farhad Vladi）每年平均有四五个月都在周游世界，寻找新岛屿。

这个德国人广泛涉猎全世界的地理书和地图，并实地体验、拍照、估值，建立“岛屿档案库”。然后将适合买卖的岛屿在“瓦拉迪私人海岛公司”（Vladi Private Islands GmbH）的网站上公布。

对有意买岛的客户，瓦拉迪公司会先邀请他们上岛体验，再决定是否购买。如果成交，瓦拉迪公司从卖家获得约6%的佣金；如果岛屿很棒，买家也得付3%的佣金。

客户买了海岛之后，瓦拉迪可以帮他们开发，帮他们维护管理岛上物业，还可以通过瓦拉迪的海岛旅游公司，将整个岛屿或房间出租。

1. “买得起汽车，就买得起岛”

“所有买岛的人，都有一个共性，他们都是强烈的个人主义者，非常大男子主义，希望在一个岛上烙下私人印记，这些人都是大自然的热爱者。”

瓦拉迪说。

大多数"岛主"不是为了投资，而是想找个私人隐秘的度假地点。比如老洛克菲勒、罗斯柴尔德、希腊船王奥纳西斯。

很多好莱坞大牌影星，为了逃离狗仔队的骚扰，也购买私人岛屿。如马龙·白兰度、梅尔·吉布森、尼古拉斯·凯奇等。

最著名的是"维珍航空"老板理查德·布兰森，他拥有三个私人岛屿。1979年，他花18万美元买下位于加勒比海的"那克岛"（Necker），之后又花500万美元，将其打造成高级度假岛。现在该岛价值5500万美元。

海岛的价格，与其地理位置、环境、大小及基础设施有关。比如人们大多在夏季去岛上度假，因此，夏季气候凉爽的加勒比海岛，远比赤道地区的热带小岛贵。

不要以为只有富豪才能买得起岛。瓦拉迪说："只要你买得起汽车，就买得起岛。"虽然该公司多数海岛的交易价格在20~80万美元之间，但也有一些相对便宜的小岛，价格在3万美元以下。

瓦拉迪公司卖过最便宜的也是最小的岛，是加拿大夏洛特湖里只有500平方米的小岛，只要1500加元（约1230美元）。而卖出最贵的岛，则是英属维尔京群岛的"诺曼岛"（Norman Island），1200万美元。卖掉的最大的岛，是位于苏格兰西海岸的"伊格岛"（Eigg Island），近30平方公里。

瓦拉迪的客户中，只有10%是名人，80%则是企业家和管理人员。也有一些公司买下岛屿，用来度假或开会。

2. 建立岛屿档案库，帮客户评估海岛

瓦拉迪公司最为担心的，是很多人会把海岛生活想象得过于美好和浪漫。

事实上，海岛生活充满了危险，所以瓦拉迪公司会邀请客户去岛上参观，除了看岛的开发前景，了解岛上的原住民，还要体验环境，看是否受得了岛上的蚊虫毒蛇等。

瓦拉迪说："海岛并非伊甸园。客户先体验岛上的生活，才能让他们去掉不切实际的幻想。"

当然，并不是所有海岛都适合买卖。瓦拉迪公司制定了12条标准，来衡量一个岛是否适宜居住。

其要点是：不能离大陆或有人居住的岛屿太远，90分钟内医疗服务可以抵达；所有权必须清晰，而且已在地政部门登记备案；岛上能获得饮用水，植被吸引人，易于开发；土地的所有国必须政局稳定等。

一个岛屿达到8条标准，才适合开发成居住岛或旅游岛；达到4~7条标准，只能列入"其他岛屿"；如果达不到4条标准，那完全就是冒险岛。

瓦拉迪公司的"岛屿档案库"现在有1.2万个岛屿的文件，包括地形图、航海图、航拍照片、自然景观及设施的照片、当地注册契约文件摘要、税收评估说明，以及瓦拉迪公司的检验报告。

有购买意向的客户，首先会从瓦拉迪公司获得待售海岛清单，包括大小、价格、位置和自然条件等简要描述。然后根据喜好及预算，在一个大的地理区域里挑选。当目标锁定到两三个岛屿时，就会收到详细信息。

3. 卖岛就像卖名贵油画一样

"卖岛就像卖名贵油画一样，大部分交易都是在私下进行的。"瓦拉迪说。

当客户决定买岛后，要与瓦拉迪公司和卖家签署三方协议，之后交10%的订金，瓦拉迪会帮客户推荐律师，检查岛屿的所有权状况，以确保权益可自由转让。

如果这些都没问题，律师会要求客户将余款支付到一个信托账户。当买家的所有权被最终验证后，卖家就会收到全部款项，新的“地产担保契约”会在注册机构登记备案。这时，客户就拥有自己的岛了。

交易完成后，瓦拉迪公司向卖家收取佣金。比例根据不同区域和不同岛屿而定，通常在售价的6%左右。对于少数优质岛屿，瓦拉迪也会向买家收取佣金，通常是3%。

由于岛屿必须在所在国的注册机构登记备案，才能保证拥有者权益不受损害。在没有这种注册机构的国家，瓦拉迪不做海岛生意。

4. 帮岛主开发、出租海岛

由于设施齐全的岛屿售价很高，供应量有限，所以很多客户不得不购买“裸岛”，然后自己去开发。

瓦拉迪公司也帮助岛主开发海岛。他们会和岛主一起，制订综合开发计划，包括住房建设、电线、电话线的铺设和饮用水供给等，并提供必要的监管。如果客户需要，铺设小型飞机跑道也不是问题。

一切设施建好后，岛主也许并不打算成天生活在岛上，大部分时间岛屿都闲置，一年通常来自己的岛屿一个月。

这没关系，瓦拉迪公司可以帮岛主打理。比如他们在新西兰设有办事处，专门负责物业管理，维护岛屿，也可以给岛主推荐合适的物业管理公司。现在他们已管理着800多个不动产。

瓦拉迪还专门成立一个海岛旅游公司，帮岛主把整个海岛或岛上的设施出租给游客。如谷歌创始人拉里·佩奇就曾通过瓦拉迪租了个海岛举办婚礼。

瓦拉迪海岛旅游分四种，名字很有趣。从冒险到享受，分别为鲁滨逊岛、野炊岛、完美服务岛和度假岛。

5. 第一笔海岛生意

法哈德·瓦拉迪的第一笔海岛生意始于1971年。

当时他还在攻读经济学博士，从《塞舌尔新闻快报》上看到印度洋上的一个热带岛屿售价仅2000美元。

“这改变了我的一生。”瓦拉迪立即给该报写信，决定去印度洋买下这个岛。当他耗费大部分积蓄赶到孟买，能找到的最便宜的岛是“表妹岛”（Cousine Island），售价10万美元，这远远超出了他的购买力。

瓦拉迪失望地回到家。为了弥补损失，他拜访了一位知名的汉堡商人，极力向他推荐购买海岛。汉堡商人一口气就买下了包括“表妹岛”在内的三个海岛，并付给瓦拉迪5%的佣金。

此后，汉堡商人不断将小岛的照片印成明信片，送给他的商业伙伴，并在鸡尾酒宴上发给客人。

这让年轻的瓦拉迪迅速提高了知名度，很多汉堡商人慕名来找他买岛。瓦拉迪的海岛生意就这样开始了。

现在，海岛的需求在不断增长，但供给却有限，因此价格也在不断上涨，每年都会上涨10%~20%。一些热门地区如巴哈马附近的岛屿，价格涨了3倍。而瓦拉迪的全部交易，都用现金支付。

尽管爆发金融危机，瓦拉迪却不担心，他说：“这会让那些投机商不得不急于降价出手，让真正有爱好和需要的人以便宜价格买到他们想要的岛。”

第四章
新商业模式的发展

一、连环返租交易模式（商业模式创新思维的应用）

1992年，一个名叫卢俊雄的25岁商业奇才在广州创办华隆发展公司，他经常说的一句话是“用天下人的钱办天下人的事”。他对每一位员工训诫：“我不是你的老板，钱也不是我给你的，是客户给我们的。我们一起努力掏客户的钱包，我发财，你们也发财。”最终他也成为当年的广东首富。

在房地产的运作中，他的第一个动作就完成得很漂亮。他在中山七路建造了一座占地1400平方米的“城市百货公司”，有中央空调、扶手电梯，整个商场充满了现代气息。商场实行招租柜台。招租在广州并不新奇，有些商场的柜台一年都租不出去。但由于卢俊雄的招数高，只用23天就把220多个摊位全租出去了。奥妙在于他使用了“退还租金”的好办法。

“退还租金”的方式是一个摊位一次性收10年租金5万元，每年退还其中的10%，还包括利息；另外每个摊位每月再收取比市场低2/3的管理费。220多个摊位的租金就是1000多万元，华隆公司只在报上花费了2000元的招租广告费，就建起了一个大型商场，这就是后来被广泛应用的“返租”模式。

接下来，卢俊雄在人口密集而又缺少商店的西华路彩虹时装购物广场花

280万元以分期付款的方式买下了一个1000平方米的商场，将其建造成购物城。这次招租方式又有所不同，租期为50年。先由摊主提供自己需要的摊位面积，卢俊雄再按他们的要求分隔成玻璃房间，每平方米50年的租金是57万元，分20年逐年退还，每年向租用者退5%的租金。很快，卢俊雄又得到几千万元的租金。

中国加入关贸总协定后，汽车、摩托车的消费者逐渐增多。卢俊雄抓住时机，很快在东华东路规划了他的第三个大动作——兴建东方车行，迎接人们对汽车、摩托车配件巨大需求的浪潮。

这一次招租退款方式又与前两次不同：一次收5年租金，7平方米一个摊位，租金2~20万元，分5年退完，以利息替代平时的管理费。热衷于承租摊位的人又排起了长队。用这种方式收取租金，华隆公司得到750万元租金。

卢俊雄的成功之处就在于，他充分利用了人性“做无本生意”（返租就等于返还投入成本）的需求来大做文章。年仅25岁的卢俊雄在不到一年的时间里连做三个大动作，三项工程连着干，而他付出的仅仅只是一笔广告费。

二、日本的“女婿养子”模式（适用于强大的家族企业）

在日本，如果创始人认为他儿子无能力接管企业，或者儿子不愿意接管企业，他会在公司年轻人中物色一个能力最强的小伙子，先把女儿嫁给他，婚满一年后，通过仪式把女婿正式收养为自己的儿子，而且令其改姓。然后，就由这个“女婿养子”成为家族的掌门人，并正式掌管企业。

日本松下集团自1918年创办后，第二任董事长松下正治是创始人松下幸之助的“女婿养子”。联姻经常是日本企业做大、做强的手段。

三井集团成立于1673年，该家族企业一直是近代日本经济的支柱，历代掌门人中有几位都是三井家族的“女婿养子”，这才让三井集团有了三个世纪的辉煌。

丰田汽车集团的成功过程中，丰田家族通过婚姻与日本前首相（中曾根康弘）和七家大财团联姻。

韩国最大的30家财团，通过掌门家族间的联姻，让家族网扩大，家族网就是生意网。

韩国最大的家族企业——三星集团，1938年由李秉哲创办。李秉哲将女儿嫁给另一LG半导体公司总裁，也就是LG集团前总裁的弟弟，把韩国两大财团绑在一起。

这种模式有三大好处：

第一，继续利用“家”的传统力量，围绕血缘进行延伸、扩大，毕竟“女婿”加“养子”要大于单纯的女婿、单纯的养子关系，因此信任的基础被强化，这样背叛的概率会小。

第二，把接班人的选择范围扩大，不只是在儿子中挑一个，还可以在企业年轻人中更广泛地去物色，这当然更能保证接班人的能力。

按三井家族一位掌门人的话说，他宁可要女儿而不要儿子，因为有了女儿他可以选择他的儿子！

第三，正因为可以到血缘之外找“女婿养子”做家族企业的接班人，这本身也给现任掌门人的子女带来竞争压力，逼着他们去奋发向上。在这种压力下，“富不过三代”的概率也会比在中国低一些。

那么实际效果怎样呢？一些学者的研究发现，在日本，“女婿养子”掌控的家族企业，平均业绩高于亲生儿子接掌的企业。

三、为什么管理中最大的成本是信任

团队之中最大的成本是什么成本？是信任成本。如果有信任，我们可以低成本高效率，做成很多事情。

有一道简单的算术题：两人挖一条水沟，需要两天，如果4个人一起挖需要几天？

题目的标准答案是一天，但实际上可能会是4天或更长。因为4个人在一起意见会不统一，会有分歧和矛盾，也会形成彼此间的不信任，进而无法在短时间内挖好水沟。

这就是为什么现在成功的企业很多都是家族企业，因为家族企业信任成本低，要是与外人合作，企业内部就会产生矛盾和不信任。

孔子的用人法则是“赦小过，举所知”。就是不要小心眼，不要太在乎别人的小毛病，要了解所用的人，因为全世界的管理都是心腹式的管理。既不能任人唯贤，又不能任人唯亲，而要任人唯知，要充分了解认知你所要提拔任命的人。这个人即使名满天下，但是你不了解他，他有什么优点你不知道，你得试，这个就有成本、有风险；他的缺点你也不知道，你没法防，这又有风险。一个人，如果他的优点、缺点你都知道，就能用其所长，避其所短。这叫优点可用，缺点可控，这样就没什么风险。成功是优点的发挥，失败是错误的累计。

亲里用贤，贤里用亲，当血缘一定的时候，能力就决定了一切；当能力一定的时候，血缘就决定了一切。

香港中文大学范博宏教授曾做过一些研究，他和同事一起，收集了泰国最大财团家族在1991—2006年间的婚宴新闻，只要结婚的一方是泰国最大的150家上市财团的家族成员即算作一例，共有200例。

泰国的财团家族大多数是20世纪上半叶从中国移民过去的，基本上保留了中国的文化传统。

他们的研究发现，这些财团家族婚姻中，有30%是与政府高官的子女联姻；有47%是跟其他财团家族联姻；只有20%是因为爱情而结婚。

如果按行业来分，范教授发现“房地产财团”家族中，96%的新婚姻是跟政府官员家庭、其他财团家族攀亲；而在其他行业，只有75%是为商业目的。

看到控股家族后代结婚的消息后，股票市场的反应如何呢？如果联姻对象是政府官员家庭，那么该财团家族控股的上市公司股票5天内平均涨2%；如果对象是另一财团家族，股价平均涨1.3%。如果是基于爱情结婚，不带任何商业目的，那么股价基本上没有反应。

在泰国，法治差，以人治为主，政治联姻、商业联姻对家族企业及其他股东更有好处。

因为亚洲社会很讲关系，没有关系就办不成事。那么，如何建立最牢靠的关系呢？血浓于水，联姻是最靠得住建立长久关系、长久信任的方式。

四、有声读物“一路听天下”的商业模式（独特的招聘模式）

“公司早上市，大家都有钱！”这是朱国勇2010年的奋斗目标，不仅如此，在“一路听天下”的每位员工的桌上都有一张“为上市而奋斗”字样的桌牌。

当年百度在纳斯达克上市后，造就了7名亿万富翁、上百名千万富翁和无数的百万富翁。如今，“一路听天下”的员工坚信这样的“神话”可以再重演。

2011年3月13日，京城一场“上市公司合伙人”的招聘格外引人注目。“一路听天下”的老总CEO朱国勇打出广告：“我们不是招募代理商，而是在寻找上市公司的合伙人。”

其实，在国外有声读物早已成为一项产业，尤其是欧美等主要国家已经形成了相对成熟的有声读物出版市场。据统计，在美国有8000万人利用上下班的开车时间欣赏有声读物，平均每周“听”书时间达三四个小时，每年有声读物的市场份额达到25亿美元。

在中国，有25%的有车族在车里收听过有声书。另据统计，2009年中国汽车保有量约为7000万辆。照此测算，2009年中国有声读物的潜在读者至少有1750万，如果每人每月消费30元购买有声读物，那么，一年就有5.25亿元的市场需求。

然而，掘金这么大的市场并非易事，想要建立起全国的销售网络需要大量的时间和金钱。不过，朱国勇的高明之处在于“寻找上市公司的合伙人”，此举不仅让上述问题迎刃而解，也让他们离上市近了很多。

朱国勇的生意是用公式计算出来的：“如果你所在的城市的车速只能开到50千米/小时，那么，如果按照每年2万千米的行驶路程计算，你将有400个小时在车上度过。而这400个小时将体现出有声读物的价值。”朱国勇试图用这样的计算公式证明有声读物的市场潜力。他坚信，在强大需求的催生下，“一路听天下”一定能实现其成功落地和迅速复制繁衍的目标。

其实，这个公式最早是被朱国勇用来研究汽车媒体市场的，当时他借鉴了单田芳旗下一个广告公司的商业模式，用自己的媒体资源和全国500家广播电台资源交换，换回广播电台的广告时间，放到他那里统一销售。

但是，朱国勇很快就发觉他们的题材过于单一。因为收听评书的目标人群相对较窄，内容应该与时俱进，所以就必须做畅销书，把畅销书做成有声版。朱国勇当时和50多个广播电台合作，开了个栏目叫“畅销书场”，在商业模式上和单田芳做评书是一样的。

2006年6月，朱国勇迎来公司创建后的第一笔大单。“爱家收藏”是他们的第一个客户，它的收藏品对象是高端人群，他们为爱家收藏做了一个特别策划，也从此确立了他们的大客户原则。

短短几年时间，朱国勇坚持他的大客户原则，一家一家地攻克。很快，汽车、金融领域都出现了有声读物。比如宝马公司把他们的有声读物发给员工做福利，兴业银行、天平汽车保险、汽车4S店更是把它作为礼品发放到他们的大客户手中。

2007年，国内很多城市的中石油、中石化加油站都出现了这样一种现象：凡是加97号、98号汽油的车主，都会免费得到一张CD碟，封面印着“一路听天下”的字样。车主会听到类似《明朝那些事儿》、《杜拉拉升职记》、《灰商》等畅销书的音频节目。

因为在这一年，朱国勇与国内两大石油巨头签署了合作协议，为其发行渠道奠定了基础。对于当时的合作，朱国勇给出了两个字的评价——艰难。难点在于合作的程序和手续比较烦琐，毕竟是与大型国企合作。

朱国勇认为，分众的商业模式值得自己学习，但坚决不做分众第二。而且想要上市就必须建立起一个稳固的渠道。正是在这样的背景下，一项“寻找上市公司合伙人”的计划就诞生了。

在招募大会上，聚集着全国各地怀揣创业梦想的人。他们一边憧憬“一路听天下”的上市计划，一边务实地考虑着有声读物的市场前景。

目前，“一路听天下”在上游与北京鸿达以太进行战略合作，稳固了有声读物的版权；在下游，试图迅速建立起全国销售网络，由此也筑高了有声读物的入场门槛。据了解，“一路听天下”通过与当地的广告商联合打造了强大的听觉服务阵容，并以加油站点为网络张开可控渠道构架。目前，“一路听天下”在全国已有30余个加盟城市，月发行量达50万张，发行覆盖20000座加油站。每家代理商广告年收入为150万~200万元左右。高速扩张的发行队伍再加上已有用户的口口相传，“一路听天下”传媒的商业模式迅速被市场肯定。

五、逆转顾客风险模式（适用于所有加盟连锁企业）

不管任何时候，两方进行交易时，一方总是会要求另一方（不管有意或无意）去担保各种可能存在的风险。如果你在与顾客交易的时候，你要求他承担所有风险，通常他们的第一个想法就是：不买。

一旦你提供一个没有风险的机会，人们就会和你打交道、做生意。

比如一家减肥保健品的简单保证：如果在您使用2个月后没有效果，我们将退还给您所有的费用，并且还会给您一些额外的优惠。

通过向潜在顾客承诺从你这里购买的所有东西都有保障，以此来逆转他们的风险，克服他们的疑虑，就是一种非常好的竞争优势。

然而大部分企业主和专业人士不愿意承担全部甚至是部分交易风险。这是鼠目寸光、没有胆识的表现，这对于顾客来说也不公平。如果你销售的产品与服务不值得顾客购买，那顾客又凭什么购买你的产品呢？顾客凭什么在付钱以后又要承担该交易所带来的风险呢？

通过将风险从顾客身上转移到自己身上，你的推销建议将会更加有力，更具吸引力、更有说服力、更易被接受，这样就可以让越来越多的顾客使用你的产品！

但可以肯定的是，一小部分顾客会利用你的保证钻空子，但重要的是更多的人会来购买你的产品，这就会使退货成为小问题。而且即便你真的被要求退货，那么你也可以将退货的意见变成利润。因此你必须打破常规，必须独树一帜，必须承担一些风险，以免对顾客利益有任何不利。

你要常常提醒自己，事实上很多顾客并不是要来买你的产品或服务，只是对你的产品及服务感兴趣而已。一旦有兴趣，他们才可能成为你的顾客或潜在顾客。但是问题是你怎么使他们感兴趣，怎么使他成为你潜在的顾客，最好的办法就是提供更多的保障，逆转顾客的风险。

假如你觉得承担风险这件事情让你感到恐惧和不安，可以明确地告诉你，对于一个公司决定要承担顾客的部分风险后，它的销售额往往会增加2倍或3倍。

下面用一个例子来说明。

一位建筑商的简单保证：如果他的顾客在此计划的任何阶段感觉不满意，就会将顾客先付的钱全部退还，并且重做顾客不满意的部分。他将此事例成功地融入销售宣传中，自从他实施后，生意大发。

美国有一家培训公司的简单保证：我们三天的课程是8800元，单独上一天的课程是3000元。顾客可以首先支付3000元来上第一天的课程，假如满意，补齐剩下的5800元，继续上课；假如顾客不满意，我们将无条件退还3000元，而且不会问任何理由。结果这家培训公司很快就在同行业中脱颖而出。

国内有一家培训公司也是一样，他向学员承诺，一个课程，如果15%的学员不满意，那么这家公司将退还50%的学费；如果50%的学员都不满意，那么全额退款，结果规模做得很大。敢承诺不满意就退款的讲师，教学效果都很好！这样才能有效地保证教学质量，提高讲师的教学水平！

当然，这种保证如果应用在你的生意上，生意一样会有大幅度的增长，因此，增加保证就是增加利润。逆转风险，就是提升销售额。

某美国汽车商提供“百分之百”不满意就退钱的保证：你想要买一辆车，一个星期后后悔了怎么办？如果后悔，你可以把车还给我们，并且得到全额的退款，而且，我们一个问题也不追究。

结果，他的生意直线上升。虽然有一些人把车子开回来，但令人惊讶的是，大部分人并不是来讨钱的，而是来换更高级的车型。于是他的生意增加了两倍。

当你使用“风险逆转”时，基本上等于告诉顾客，你再也不会做出任何错误、危险的决定，这是一个很强的诉求点、很有力的卖点。

它会让任何原来有防备的顾客不再防备你；它会让原来只是有兴趣的人，马上成为你潜在的顾客；它会使你在同行业的竞争中立刻脱颖而出，它也会在实践的过程中打败你所有的竞争对手。

- 香港品牌“优の良品”的一个成功秘诀便是允许免费食用，满意才付钱，这是它鲜明的销售特色。结果在香港卖得很火。
- 联邦快递承诺，如果你的包裹未能准时到达，它不会收你的费用。
- 摩托罗拉曾经推出免费试用7天的手机，满意才付钱，结果卖得很火。
- 麦当劳如果让顾客等候的时间超过10分钟，不会收取任何费用。

- 沃尔玛承诺，假如周围5千米范围内任何一家商店的商品价格比沃尔玛的还便宜，将向你提供免费赠送。
- 达美乐比萨保证让送货的时间不超过30分钟，否则你不用付钱。
- 德国的阿尔迪保证，如果顾客不满意，无条件退货，而且一个理由也不问。
- 哈雷摩托车俱乐部承诺先让顾客免费加入一年，如果满意，第二年才付35美元。
- 流行美通过免费给顾客梳头，结果卖出了很多的发夹。

从小店到大企业都有人提供这些保证，为什么？因为“风险逆转”会给他们绝佳的竞争优势，而一个强有力的“逆转风险”策略，也会对你产生一样的影响力。

问题是你要怎么用这个策略。

如果你不敢在质量上对顾客进行保证，那能不能在服务上对顾客进行保证，或者能不能在送货时间上对顾客进行保证。

比如有一家餐厅，他们保证，如果你等候的时间超过10分钟，我们只收你一半的费用，如果你等候的时间超过15分钟，我们将不收取任何费用。结果生意火爆得很。

明丰钻饰的加盟模式

香港明丰钻饰携2亿元巨资组成风险抵御基金，将欧洲营运了13年的托管连锁模式带入中国内地，并承诺保障特许商每年回报25%的托管模式。

他们的宣传卖点是通过25%的资产报酬率的托管连锁模式，使投资者无忧创业；由甲方、乙方、银行三方监管协议形成投资者在保障收益的同时，可选择继续托管、自营、随时退出三种方式。因其用刘嘉玲做品牌代言人和特别的回报方式，引起了很多人的注意。

明丰钻饰（MFDIAMOND）作为一家港资品牌，从20世纪80年代初至今在欧洲已经成功开办了41家连锁店。明丰的每件货品全部沿用欧洲流行的最高等级的钻石切工：丘比特切工，这一传统坚持做了近30年。

现在他们携巨资开辟内地市场，并提供传统加盟模式与委托管理模式供投资者参考。

传统加盟模式的加盟资格是每店投资不少于80万元人民币，其中包括一次性上交10万元加盟费，专修费（按2000元/平方米），其他费用为首次进货。

加盟期限为四年。如果两年后退出加盟，明丰承诺按货物的原值原价回购（他们称其为“明丰钻饰货品原值回购计划”），经营期间允许有一定的换货比例。在加盟管理方面，店主按明丰要求自主经营，自担风险。

委托管理加盟模式是在加盟的基础上进行的，是针对没有经验能力或没有时间经营的加盟店店主来进行的。委托资产不少于80万元，合同期为四年，保证年回报率为25%，合同到期日结算。如果加盟店主希望每年结算一次，则年回报率为15%。委托管理期间的一切运营费用、经验风险都由明丰承担。

委托管理模式对资产拥有经营权，不拥有货品的所有权，所有权仍然属于加盟店主。因此，可以说加盟店是在店主的监督下由明丰来运营的，货品的物权始终处于店主的控制下，没有什么风险。加盟店主的风险就是四年后的25%的回报是否兑现。明丰与广东发展银行合作，并在广发行开立保证金账户。当加盟店需要委托管理时，双方将签订委托管理协议，然后明丰将委托资金的20%自己打到当地广发行开立的保证金账户内。店主、当地广发银行、明丰三家签订监督协议，共同监管这笔资金不能在任何一方不同意的前提下动用。每年由明丰打入一次，以此来确保店主每年25%的回报率。

在委托管理加盟模式下，明丰就等于在加盟费照收不误的前提下，用20%的资金经营100%的资产。所谓25%的回报，其实就等于给加盟店自营的利润。明丰其实根本就没有额外多出一分钱。明丰充分地利用了大数定律，即大部分的赢利可以弥补小部分损失。

两种模式的赢利比较

（1）传统加盟店模式下的双赢模式

自营加盟店的商业模式：80万元进货→上交10万元加盟费和3万元装修费→剩下67万元买货物→加价25%卖货物→实现83.75万元的营业额→获得毛利16.75万元（83.75 — 67）。

以每年周转四次来计算，四年时间加盟商可年获毛利：

16.75万元×4次×4年=268万元

明丰的赢利模式：提供成本价47万元的货物→以67万元卖给加盟店获20万元毛利（67 — 47）+10万元加盟费+3万元装修费15%提成的4500元→实现赢利30.4万元。

以每年周转四次来计算，四年时间明丰可获毛利：

20万元×4年×4次+10.45万元=330.45万元

（2）委托管理加盟模式下的双方商业模式

加盟店的赢利模式：80万元投资→加盟店委托管理→四年后得80万元回报（不计算复利）+80万元投资的加盟店。

明丰的赢利模式：提供47万元的货物→实现83.75万元（83.75 — 47）营业额获取36.75万元毛利+10万元加盟费+4500元装修提成费→实现赢利47.2万元。

以每年周转四次计算，四年时间明丰可获利：

36.75万元×4年×4次+10.45万=598.45万元

就算减去给加盟店的80万元回报，明丰仍然有518.45万元的毛利，比在纯粹加盟模式下的330.45万元仍然高出188万元（高出56%）。这就是用20%保证金通过银行放大的效果。

六、直接邮寄的模式，中小企业的低成本的商业模式

直接邮寄在美国已经成为一个数百亿美元的产业，主要的行业包括杂志发行社、新闻通信发行人、目录公司、百货公司、音乐与书俱乐部等，都是通过直接邮寄的模式来做宣传。

假如邮寄1000封信，其中有90%的顾客没打开看，而打开的人之中只有1/5（占全部的2%）成交，那么看看下面的数字：

（1）寄1000封信的成本为800元，一封信的成本为0.8元。

（2）如果有2%回应，平均购买金额为200元，总共20×200＝4000元，用800元就换来了4000元的订货量。

（3）如果将收入的1/4视为销售成本，即1000元。

（4）最后，寄出1000封信，得到2%回应的净利约为4000−800−1000＝2200元。最终用800元换回了2200元的净利润。

（5）假如寄出100万封信，得到同样比例的回应，那么你就大赚了，即使利润再削减一半，你的成果也是不可估量的。

请在以下行业大量使用直接邮寄：汽车和汽车服务行业，银行和金融服务，网络通信及其增值服务，信用卡服务，保险服务，旅游及相关服务，减

肥和健康食品及服务，医疗服务，婴儿用品，图书和音像制品，儿童服装和食品，杂志，药房和药品，汽油和汽车保养用品，针对企业的礼品和办公用品销售，企业IT产品和服务，工业品，政府采购，会员制超级市场，花店，税务服务，眼镜店，烟酒，博彩，大型商场。

开发新顾客可以使用直接邮件，维持老顾客也可以使用直接邮寄，你也可以在交易或服务后立刻使用直接邮件，以消除顾客的退费或抱怨。

大部分顾客和你做生意后，会对你的独特卖点留下有力、清晰、充满说服力等难以磨灭的印象。但是你如何确定交易结束后，这个印象依然留在顾客的脑海中？最好的方法是：在交易后，立即写信、发电子邮件、打电话或亲自拜访你的顾客。原因很简单，每一个人都希望被重视，每一个人也希望被认同。这是所有人的心理，这也是临门一脚的绝招。

推销信或宣传单必须是经过精心设计的。

海报、软文、推销信、宣传单或公司简介必须回答的问题：

（1）为什么我要听你讲？

（2）为什么我要买你的产品？

（3）能否增加保证？

（4）如何证明你讲的是真的？

（5）如何攻击竞争对手的弱点？

（6）为什么今天就要买你的产品？

1. 为什么我要听你讲

必须撰写那种能吸引人注意力并激发读者阅读欲望的标题。所以，创造出的标题应该能清楚而准确地告诉你的消费者，你将要提供什么产品或服务。

所有的文案、广告、宣传单、海报、报纸广告、杂志广告、招商广告，电子邮件、会展、新闻稿件、网站首页、书籍名称，几乎都要用到标题策略。宣传单或推销信的结果的80%的效果是由标题所决定的，剩余20%的成功几率则是由你的内容所决定的。所有的标题或开场白都必须吸引潜在顾客、必须引起读者或听众的兴趣。因为标题的稍稍修改可使您的潜在顾客产生更多的回应。

什么是标题？就是对顾客最大的好处。

什么是副标题？就是对顾客第二大的好处。

顾客买的不是你的产品或服务，他买的是你的产品或服务为他带来的好处。

用在广告标题中的两个最具价值的词应该是“免费”和“全新”。

强势词语才会产生强势效果

广告同行们总结出了一套最能引人注意的字眼，例如，“免费”（免费试用、免费尝试、不满意免费）、“全新”（全新的经营策略，全新的美白效果）、“宣布……”（宣布一门新方案，宣布维珍可乐问世）、“新”（新厚黑学，新钙中钙，新康泰克）、“现在”、“终于”（中国宇航员终于上天了）、“减价”（减价30%）、（再次降价25%）、“怎么来做……”（怎么使你皮肤能够更加保湿，怎么能让您睡得更好）、“如何”（如何成功致富、如何提高您的生活标准、如何吸引更多的女性）、“为什么”（为什么他的牙齿比你更白，为什么这个小区这么干净）、“××王”（皮康王、小霸王、金霸王）等。

不要看仅仅两三个字，但这些最能吸引人们的眼球。

什么是最流行的？你在街上，很多商店的商标写着："免费！"、"降价处理"、"买二送一"、"特卖品"，这些字眼马上就吸引了你的注意力。这些都是强势标题。

能够产生较好效果的词语还有：推出、就在这里、新品上市、一个重要决定、改进、惊人、感动、值得注意、革命性的、令人吃惊的、神奇的或不可思议的、特价、抢购、轻松、简单、强有力、希望、挑战、建议、实情、对比、折扣、赶快、还有、亲爱的、尊敬的、省钱的、划时代的、惊人的、公布、曝光、崭新的、快乐的、舒服的、感动的、秘密、真相、底细、某年某月某日等。

请不要对这些陈词滥调的词语不屑一顾，它们的确是最有效的。最伟大的策略其实就在你身边，最伟大的人就是充分使用了自己周围的资源。历史上很多成功人士都不是遇到了千载难逢的机会，而是聪明地利用了自己身边的机会。

可惜的是，绝大多数人对这些机会和资源都充耳不闻、熟视无睹、置若罔闻，这就是差距。

下面以某戒烟喷雾剂的软文标题来说明。

（1）你的大标题必须传达创意，促使读者想更多地阅读你的广告。

示例：这是一种能够帮助你戒烟的新型空气喷雾剂。

（2）将你的大标题直截了当地对准你的读者、听众或观众，一次一个人，哪怕广告对象有2000万。

示例：如果你是吸烟者，你会想到要了解Non牌戒烟喷雾剂。

（3）以新闻风格撰写你的大标题，这对报纸广告尤其重要，因为报纸向人们提供的是新闻。

示例：新型戒烟喷雾剂有助于吸烟者打消吸烟欲望。

（4）使用具有声明性质的词汇，如“推介”、“新”、和“推出”等词汇。

示例：推介Non牌——能让你成为不沾烟者的戒烟喷雾剂。

（5）试验型大标题，以“启示”开头。

示例：启示：Non牌空气喷雾剂能帮助你戒烟。

（6）试验型大标题，以“新”开头，这是人们最喜欢的用语之一。

示例：新产品！一扫你吸烟欲望的空气喷雾剂。

（7）在你的大标题中加上日期。

示例：2005年12月10日，戒烟比以往任何时候都变得容易了。

（8）在大标题中突出价格特点，如果你对价格引以为豪的话。

示例：你想花15元把烟戒掉吗？

（9）强调便利的支出计划——同大数字相比，人们更喜欢小数字。

示例：要想成为不吸烟者，只要一天花1美元，连续5天即可。

（10）宣布免费赠送。

示例：免费！ Non牌空气喷雾剂，买一送一。

（11）提供有价值的信息。

示例：一天吸一包烟，你的寿命将缩短6年。我们能让你戒烟！

（12）从讲述故事着手，然后在文案中把故事讲完。

示例：刘先生过去一天吸一包烟，后来他听说了有一种新型空气喷雾剂能帮助他……

（13）大标题以“如何”开头。

示例：如何简单地按一下按钮就能戒烟？

（14）大标题以“怎样”、“为什么”、“哪个”、“你”、“你的”或“这种”开头。

示例：为什么上个月上海有5000个吸烟者想戒烟？

（15）大标题以“好消息”开头。

示例：好消息，给很想戒烟的人们！

（16）使用证词风格的大标题。

示例：“我从来都没想到我会戒烟，但Non牌戒烟喷雾剂在不到一周的时间里就帮助我戒了烟”。

（17）让读者做个小测试。

示例：下面哪种新产品有助于吸烟者戒烟？

A、处方药。

B、前脑叶白质切除。

C、Non牌戒烟喷雾剂。

（18）告诫读者不要延误购买。

示例：我们现在还有Non牌戒烟喷雾剂存货，但明天就有可能卖光。

（19）使用一个字的大标题。你可以把这个字做得特别大，就好像要从页面上跃出来一样。

示例：戒。

（20）用大标题对具体的人陈述。

示例：如果你吸烟，你需要新型Non牌戒烟喷雾剂。

（21）只要可能，并非始终是可能，在大标题或开场白中加入你的公司或产品名称。这可能是潜在顾客唯一读到或听到的。

示例：Non牌戒烟喷雾剂——它能消除你吸烟的习惯。

2. 为什么我要买你的产品

提高读者的兴趣，告诉他们你能提供的东西的优势所在。不要以为读者已经了解这些优点，向他们清晰并简短地解释这些优点。集中强调产品对于读者最有利的一面，也就是“一招鲜，吃遍天”。消费者不愿意买产品，但他们会乐意买这些优点，也就是塑造你产品价值的独特卖点。

3. 增加保证

许多人都不愿意提供担保，也不敢提供担保，因为他们害怕被顾客利用。当然，你可能偶尔要为你的担保承担责任，但是也正是因为你的担保，才会有更多的人购买你的产品，因为这样可以给予购买者一种安全性，这使得利大于弊，而且利远远大于弊。

他们清楚地了解如果他们不满意你的产品，会得到怎么样的服务。你可以提供许多担保。你可以担保说，“消费者在购买商品60天内如果不满意，可以免费全额退款。”你也可以担保说，“无论何种事情发生，我们都将在24小时内提供上门维修。”这种担保是无止境的。

记住：增加担保就是增加利润。

有了这些保证以后，大家会有疑虑，这是真的还是假的？这个时候就需要名人证言、宣传报道、实物展示等。

4. 如何证明你讲的是真的

最好的方法就是名人见证、顾客见证、成功案例、实物展示、专家证言、图片视觉证明、统计资料、宣传报道等。

这些都可以证实你的真实性，给消费者一种信赖感，但这个过程需要积累，积累不是关键，要多积累才是关键。所有的中小企业要成功，需要时间。这些积累可能会花你1~2年的时间。

5. 如何攻击竞争对手的弱点

潜能大师安东尼罗宾提出30天成功法则，催眠大师马修史维就说我们成功都是一分钟解决，不需要30天那么久，他攻击安东尼罗宾的弱点。在当今社会，一个企业想要做强、做大，就要适当地攻击竞争对手的弱点，但攻击弱点需要讲究艺术性。比如农夫山泉，它的广告语是“我们只做大自然的搬运工”，始终坚持在水源地建厂，水源地生产，间接地攻击了一些用城市自来水作水源的纯净水竞争对手。

6. 为什么今天就要买你的产品

提供马上行动的策略和不马上行动的后果。

例如“立即光临店铺，或者马上致电订购，就有一定程度的优惠”。又例如“数量有限，欲购从速”、“限量发售、售完为止”、“推广期，成本价销售”、“紧急行动，除夕大赠送”、“清仓大甩卖”以及“放血”、“跳楼”之类的暗示。

如果没有奖励，很少人会被你的产品或服务所吸引。

推销就是贩卖买与不买的后果。因此不仅要与潜在顾客说如果他们买了你的东西会得到什么好处，还要告诉他们不买你的东西会失去什么好处。

记住：奖励的反面是惩罚。也就是要为买了你产品的人进行奖励，也要让没有买你产品的人付出代价，至少是精神上的代价，如失去价值、舒适、声望或财富等。

七、创建转介绍模式

根据调查：84%的人之所以购买一件东西，基本上都是因为听了别人的介绍。你要永远记住一句话：朋友介绍胜过电视广告。

其实你现有的新客户中，可能有很多是间接或直接来自朋友的推荐或介绍，但你其实并无一个正式的转介绍模式。

一个经转介绍而产生的客户，通常会比大多数以其他方式争取来的客户花更多的钱、买更多的货，让你赚更多的钱。这种转介绍并不难取得，转介绍会带来下一次的新转介绍，并可以不断地繁衍。

大部分商人都花了许多的时间、精力及金钱在传统以广告为主的营销及销售方案上，其实他们只要花其中一小部分的金钱及时间，开发一个正式的转介绍模式，效果可能会好上几倍。

每次客户给你电子邮件、通电话或是和你亲自见面时，你应该礼貌地要求他们转介绍。但是转介绍是需要技巧的。在不增加你任何成本的情况下，制定相应的转介绍模式至少会给你增加50%以上的利润。

越来越多的人将“口碑”这种社会学现象作为一种营销工具来运用。早期营销人员对口碑的管理往往只关注如何让顾客满意（这样就会产生正面口碑，而不是负面口碑）和如何吸引有影响力的顾客（如意见领袖）。

由于推荐奖励计划可以奖励现有顾客、建立顾客基础，企业常常使用这一手段来鼓励顾客向其他人推荐产品或服务，即建立口碑。推荐奖励计划可以针对各种各样的商品，如购买汽车时，老顾客推荐新顾客，老顾客可获得免费汽车保养服务；购买住宅时，老业主推荐新业主，老业主可获得2~5年的物业管理费，新业主可获得购房折扣；在婚纱影楼，老顾客推荐新顾客，老顾客可享受免费拍照服务，新顾客也可以得到优惠。这些计划提供针对推荐产品、服务的折扣优惠（如酒店住宿优惠券、赠送话费等），或者与所推荐的产品、服务类别无关的奖品和奖金（如信用卡公司赠送的糕点、旅行社赠送的保险）。由于这些计划相对于传统的促销工具更具有针对性，能以较低的成本取得较好的效果，则越来越多的企业开始制订自己的奖励计划。

1. 转介绍模式的一些技巧

转介绍模式是建立在你真正关心客户的基础上的。不要让自己变成一种商品，而是你应该把注意力放在如何为客户的生活或事业做出贡献上，这些都会对结果产生影响。

最常用的方法就是提供转介绍客户的激励因素，包括优惠、保证退款、额外服务、折扣、送贺卡、送生日卡、请吃饭，赠书及客户认为有价值的东西。所以建立客户的档案势在必行。

2. 谁能将潜在客户推荐给你

厂商、客户、员工、竞争对手、亲戚、潜在客户、未转变为客户的潜在客户、邻居及朋友、教友们、会员、你的潜在客户信任的其他生意人及专业人士、你的潜在客户尊敬及信任的领袖或名人、杂志编辑记者、特殊利益团体（雪茄、旅游、音乐等共同爱好的团体）、与潜在客户做生意的个人及公司、政府机构……

其他：到你办公室来的人、在专业领域开会经常会碰到的人、退休的人（计划退休的人）、结婚的人（计划结婚的人）、有小孩的人（计划有小孩的人）、离婚的人（计划离婚的人）、买（卖）了一些东西的人、想要买卖东西的人、刚搬家的人、刚刚重新装修房子的人、小孩长大已搬出家的人、家中有人逝世的人。

3. 设定获得推荐与介绍的舞台

（1）向他们解释，即使推荐的客户未必购买，你仍然将为他们提供一个有价值的服务，就是让他们知道他们应该寻找、避免、期待什么，以及任何可能影响到推荐客户的正负因素。

（2）给他们合理的理由，让他们觉得应该替你推荐客户。解释你的生意绝大多数都是靠推荐而来的，由于你真的会得到推荐，所以你会投资更多的时间或金钱，以提供更好的产品或服务。

（3）提供他们推荐客户的鼓励因素。

（4）提供免费的或打折扣的产品服务给客户，并且告诉他们这是你提供的。

（5）提供推荐而来的客户特别的激励，包括优惠、保证退款、额外服务、折扣或其他认为可能对推荐客户有价值的任何东西。

（6）要求你的客户打电话或直接与推荐客户联络。

（7）和过去曾经推荐过你的人士保持密切联络与接触，告知他们所推荐的人已经成为客户。对推荐你的人要保持回报习惯，让他们知道后来发生的事情。

（8）在客户最能接受的时候提出推荐要求。这可能发生在刚购买完商品或服务时，比如退给他们一大笔钱、完成一笔好交易、摆平一宗诉讼案等。这也可能发生在他们生命中一些奇妙的时刻，例如一个小孩诞生、升级、特殊的荣誉、结婚、退休或调职。

4. 一些杰亚布拉罕经过测试的转介绍经典模式

（1）心理医生的转介绍

如果转介绍一个新病人，新病人第一次就诊免费，这位心理医生自己负责成本。但新的生意很快就把成本补回来了，因为有如此多的病人建议他们的朋友和家人来此看病。

（2）一家园艺公司的转介绍

每次他的厂商介绍一笔栽种培养的生意，他会把该生意交易额的20%作为介绍费用。一年下来，平均每一位经介绍而来的客户，每笔交易金额约为300元。

（3）宾馆的转介绍模式

只要顾客为宾馆带来九位客人，就可以享受宾馆提供的最高价值为2000元的总统套房，并附送晚餐。

结果，知情人将这条消息告诉了一家杂志社的编辑，并将它写成一篇文章，在全世界发行。自此，产生了一系列的连锁反应。其他两家国家杂志又刊登了这条消息，为我们做了宣传，不论这个转介绍浪费了多少个房间、产品和费用，我们都已非常轻松地获得了50万美元的广告效应。

（4）咨询的转介绍

当客户是一家大公司时，客户自身就是一个大市场。我们有意识地开始向客户公司内部的被转介绍人询问：“你们知道我们所从事的工作，而我们真的已经帮过你了。你能否给我们介绍一名你们公司里的其他人来继续开展工作？”

这种情况经常发生，我们发现，可能这种公司有100万美元的咨询预算，我们从中得到的是20万美元，但也有这些部门的预算超出其范围内的情况。如果您通过转介绍的方式，您的收入就能接近部门预算，这是一种完全不一样的从客户那里获得收入来源的方式，比您和全部公司的主要合同获得的收入还要多。因此，如果您在一家像上述这样的大公司里就职，那么这种转介绍方式就非常实际，简直就是非常便利的一件事。

（5）音频录音设备出版商

在所有我们业务回复信件的背后，是我们给被转介绍人留出的区域。这块区域用于获得如下信息：“如有您认为能够从我们提供的此类计划中获益的任何人，请告知您的姓名和地址，我们将为其寄送免费目录。”

每年，我们收到成千封转介绍信，他们中的部分人员已成为我们的客户。而他们都会是非常好的客户。

（6）抵押银行

通过向遗嘱执行人、管理人和保管人或基金放贷，我帮助律师在不到通常时间一半的时间内，完成了遗嘱，我的业务有超过90%是由转介绍人来介绍的。我把律师当作我的客户，并告诉他如何去做。

我做得很出色的一点就是，我上进心很强，做事很漂亮。这是因为，我希望能给客户留下非常深刻的印象，以便当他回到律师那儿，并告诉他我的工作非常出色。由于我不仅希望只做客户一个人的生意，同时我也希望律师为我转介绍给第二笔、第三笔乃至第十笔订单。如今，我已经从事这一行大约四年半。我还做了许多其他工作以便找到其他被转介绍人。尽管我并不是律师，但是属于12家律师协会、遗嘱机构以及法律援助机构的成员，并且我还经常参加这些会议。

（7）健康俱乐部

我们50%的业务来自转介绍。当有新会员加入并与之交谈时，首先要对俱乐部、服务和成效进行介绍。并且我还会提到 ：“我对你们有两个期望。第一，希望你们坚持来俱乐部锻炼，从中受益 ；第二，希望你们向各自朋友转介绍。”当我得到肯定答复后，我通常会说 ：“你们能给我写一封转介绍信吗？可不可以抽出五分钟的时间，以确保得到令人满意的结果。”实际上，我们的会员转介绍率达到50%。

（8）股票经纪人

即使你为客户带来收益，他们也会犹豫是否将你转介绍给他们的朋友。其原因在于担心你的工作不能达到朋友的要求，或者可能因此损失收益。

在一年中一次或两次的拜访客户机会中，我会对他们说 ：“我几乎把全部时间用于管理您的资金及关注您的投资，以随时满足您的需求。实际上，我没有时间与精力去开发新客户。希望您能向我引荐合适的人选，以便我能更加关注我们的事业，最终为您带来更大收益。”随后，我会问：“你认为谁可以加入到您所在的或是更高的团队并从中受益？”最后，人们通常会提供给我一个名单。

其效果相当显著，并且成功率也很高。在客户读出这个名单时，多数情况下你的成功机会不会高于10%；但当该客户转介绍一个或两个人时，你就能获得更多的成功机会。在最糟糕的情况下，每个客户的年佣金平均大约达到3500美元。

（9）讲座

我们的转介绍模式很低调，没有大肆宣传，但利润极大。在讲座上，我们在文件中有讲义，并提供一年的免费网络营销讲座资料。我们会说：“您公司有没有未到场，但也想得到一年免费资料的人呢？”在讲座上，每100个人中，大约会有60个人报出其他人的姓名，至少一个人名，但通常都是10～20个人。而讲座后，另外10%的人还会告诉我们数百人，有时甚至数千人名，所有这些人中，我们能吸收大约30%～40%的人。

（10）顾客答谢（送气球）

我所有的生意都与转介绍息息相关。我意识到转介绍是杠杆：借助它，往往会事半功倍。当顾客从我这里买了新车后，我会把气球递送到顾客上班的地方。气球上没有写标语或任何广告，买车的顾客坐在那里工作时，我送的气球就在他同事的头顶飘扬，所有的人都以为那天是他的生日，就会过去问候。然后，我的顾客就会兴高采烈地大谈自己的新车，还会说：“瞧！人家还送我气球，多好的人啊！”

（11）摄影师

多年来，我们使用两个转介绍模式构建了一个可处理上千个婚礼的婚礼业务。当新人走进来的时候，我们会告诉他们，如果他们能够转介绍两对以上的夫妇来选择我们提供的婚礼服务，他们将能够以20美元的价格享有价值200美元的壁挂肖像。现在，大多数人都愿意花一年左右的时间来做这件事。而一年之后，他们对于自己旧的婚礼照片将不再感兴趣。他们想要一个新的，并想为父母买一些照片的副本。实际上我们通过转介绍礼物所获得的收益要远远超出它的成本。

另一种转介绍方法是让每对新人提供一个参加其婚礼的朋友的名单。名单中要包括所有的姑娘和小伙子。我们将向他们中的每个人发送感谢信，上面写道："感谢您在当日提前到达，并感谢您给我们的热切帮助与支持，为表达我们对您的感谢，我们愿意为您的家人免费拍照。"

（12）某某顾问

我主要通过许多不同的技巧来帮助小公司提高它们的收益。我获得未来业务和保持当前业务的方法之一就是通过转介绍技巧。当我认识一名客户的时候，我会分析他们的联系信息和他们的影响力。例如我会这样来考虑一家公司，如果我为他们提供了出色的服务，他们又正在向其他公司进行销售，我立即会对他们说："我刚刚帮助了你们的公司，我们可以帮助您所有的企业客户。那将为您带来多大的回报？所以我们为何不能制订一个行销计划，让我为你所有的客户效劳呢？"这将为我带来大量业务。

同样，如果他们没有向其他公司提供服务，我也可以大幅度地提高业务量。我坐下来，看着他们说："你们所有的厂商如何？你们所有的供应商如何？他们都是企业。”我向他们展现了向其供应商和厂商提供良好服务和优惠的优势，因为这将加强他们之间的关系，并提高他们的赢利和效益。

（13）遗嘱遗产和信托财产理财

我将近70%的业务都来自间接转介绍。在我几乎所有对外的打印材料上，我都会问："我可以向你转介绍业务吗？"他们会想这个人真是在为他们的利益着想。我向一名律师提供了一份证明，上面写着："我希望为您提供一小时的咨询服务，我可以在此时间段处理3个案子。"从调查中我了解到一件事，约80%的遗嘱律师每年接手的遗嘱案例只在1~10件之间，数量非常少。所以在我完成适当数量的此类案例之后，我试着做的事情是询问或看他们是否有其他拥有类似种类客户的律师。通过提出适当的问题，保持沉默仔细倾听，就能够了解许多有益的事情。

（14）房地产投资资金

我们所购买的绝大多数房产均不是通过银行来筹措资金的，依靠的是投资者的资金。我们为投资者提供了一笔真正有利的交易。通常他们可以获得11%或12%的投资回报。而且在房地产领域，成功率是100%，但他们还是会有一些犹豫——尤其是他们不熟悉公司情况的时候。到目前为止，转介绍是争取新投资者的最佳方式。所以我们已经确定的是，对于任何向我们提供贷款的投资者，均将付给他们等于第一年所贷款1%的“伯乐”奖金。如果有人为我们提供10万美元贷款，而且为我们带来新的投资者，他们就将预先获得57000美元。有一位女士来投资，她对我们的工作感到十分满意，后来，她家中有7名成员都进行了投资。她之所以帮助他们进行投资，是因为这确实值得投资。与此同时她也是在帮助自己，因为我们向她支付了转介绍费用。

（15）律师的转介绍

当一位律师渴求更多的生意时，他会去找他的会计并要求会计寄一封转介绍信给其最好的客户，这位会计不假思索地答应了。这就是那封信上的内容："我很少写信，在别的领域关于别人的则更少，但是我此举想和你谈谈我的律师，×××，并向你说说他对我做过的一些好事（在此处这位会计师提到了律师的建议曾经为他节约资金的几件事情）。因为我感激您对我们会计公司这么多年来的忠诚，我想过给您的办公室送花，或是一个礼品盒，但是我觉得我能为您做的最高尚的事就是赠送我的律师一个小时的咨询时间给您!我对我这位律师推崇备至。

大部分人收到这个转介绍函以后就去见了这位律师，不是一次而是几次!律师的生意也急剧增加，而会计的生意同样受益，他也得到了一部分介绍费。

（16）一家搬家公司

如果你经营一家搬家公司，我承包景观设计工程，通过由你介绍而开发的成功客户，我愿意支付12%的收益给你作为回报。我会说："让我告诉你我是如何想的，如果我的估计是正确的（这句话非常关键，非常重要），即使在最差的情况下，我在6个月后应该可以支付你47000美元。"

仅这一笔钱就够叫人兴奋的，但是我接下来还要把这个方法更上一层楼，告诉他们用这笔钱及接下来的钱可以做什么。例如"如果运作好的话，以后每6个月你都会接到一张类似的支票"。

看看你使用转介绍前的生意有多少，然后将它们乘以5倍。也就是说，转介绍模式可能会增加你500%的业务。一般来说，一个正常营业的客户转介绍模式将会使客户数量及利润立即增加。

为什么非常需要转介绍模式？因为这是花钱最少、风险最低及利用率最高而取得最具有购买潜力的新客户的一种策略。

而且由转介绍而来的客户，通常消费额更高，更能让你获利，最重要的是对你更加忠诚。而转介绍并不难，通常转介绍也会产生新的转介绍，他们会自然繁衍。

但是如果你希望你的生意发展到极限，你最少需要4~5个不同的转介绍模式。

假如经转介绍来的客户并未购买，你仍将为他们提供一个有价值的服务，就是让他们知道他们应该寻找、避免、期待什么，可能忽略的是什么，以及任何可能影响到转介绍的正负因素。

赶快在你的客户中找出最佳的转介绍人选，看看在你5天、10天、15天之后会得到多少业务转介绍。

由转介绍而产生的客户买得比较多，而每一次买的量比较大，生意往来也会比较久，同时讨价还价行为较少，更会对你的努力给予感激，并且会将他们的新朋友介绍给你。而你所要做的就是开始规划一个正式的转介绍模式及程序。

要取得让事业全力发展的最佳方法，是决定建立4 ～ 5个转介绍模式进行测试。在你决定架构转介绍模式时，理论上你需要知道以下基本资料：

（1）你理想的潜在顾客是谁？（理想的潜在顾客就是指你想要越多越好的顾客。）

（2）你理想的潜在顾客最想要的利益是什么？

（3）你的竞争对手所提供的利益及结果是什么？他比你强及比你弱的地

方在哪儿?

（4）你能提供的利益及结果是什么？你比竞争对手强及比对方弱的地方在哪儿?

（5）理想的潜在客户未能解决的最大问题是什么？你如何帮助他们去解决此问题?

八、产业发展的二元定律

任何一个行业最终会出现一个二元定律，就是行业中的老大和老二会占有市场份额的60%以上，老三会远远地甩在后面，剩下的所有品牌加起来的市场份额不超过40%。以下是各行业居前两名的企业。

- 胶卷：柯达、富士；
- 可乐：可口、百事；
- 快餐：麦当劳、肯德基；
- 家电连锁：国美、苏宁；
- 大学：清华、北大；
- 方便面：统一、康师傅；
- 财务软件：金蝶、用友；
- 网上书店：亚马逊、当当网；
- 搜索：百度、Google;
- 凉茶：王老吉、和其正；
- 租车：赫兹、安飞士；
- 快递：联邦快递、UPS;

- 酒类：茅台、五粮液；
- 城市：北京、上海；
- 飞机：波音、空客；
- 牛奶：蒙牛、伊利；
- 瓜子：恰恰、真心；
- 速冻食品：思念、三全；
- 肉制品：双汇、雨润；
- 袜业：浪莎、梦娜；
- 墙面漆：立邦、多乐士。

九、机制创新

【案例一】晋商的核心竞争力是“财股与身股结合、身股为大”的机制

这种机制留住了人，又保证了家族企业的有效传承。

1. 晋商中的三类人

第一，东家。东家是投资人，也施展能力，参与公司的重大决策，有点像现在的董事会。他们通过投资占有的股份称为“财股”（也叫作银股），可继承转让，可分红（一般3~4年分一次红）；他们决定掌柜（总经理）的聘用和解职及其他重大事宜，如分红比例等。

第二，掌柜。掌柜是投入能力的企业领导者，持有“身股”。身股可以享有和财股一样的分红权，但不可以继承转让，人走茶凉。但有的企业，身股可以养老。

第三，伙计。伙计从学徒干起，一般四年满师，之后可拿年薪。其中优秀者可以持有一定身股，有的被提升为掌柜。掌柜一般都是从学徒期满、为商号工作多年的伙计中提拔。

晋商中的这三类人，是互相关联、互相支持又互相制约的。

掌柜的身股不能继承，东家的财股是可以继承的。

晋商的分红一般是财四身六，在大盛魁甚至做到身股占七成。但是掌柜是走是留，还是由东家说了算，占再多身股也没用。这就是一种有效的制约关系。

2.“身股”的意义

第一，身股因能力而设置，使有能力的人稳定、忠诚。东家有财股，但如果东家的后代无能，无法管理公司，怎么办？这种情况下，只能找能人来管理，而聘请来的能人不满足于仅仅挣工资，于是就有了身股。

第二，身股不能转让和继承，使晋商聘请的领导人代代相似，多为精英，也使他们解聘庸者、新聘能人有了商业规则和文化基础。这是很科学的。如果身股可以继承，那掌柜的后代也可以一直当掌柜，就很可能会演变成庸人或小人执政。

东家是一个阶层，他持有财股，财股可以继承。由此，他就可以解聘拥有身股的经理人。

这个制约关系非常重要。企业家是有特质的人群，这辈子是企业家，再指望你的儿子或孙子也是企业家，这不太可能。可能企业家的儿子喜欢做诗，或者习武，他当不了企业家。你让诗人管公司，可能会让公司破产。

于是就要聘请掌柜来经营，给他们身股。身股虽然不可继承，但在分红中占六成以上，有的甚至是七成，这就使干活的人真正明白，是在给自己干。这样，在东家昏庸的时候，他们为维护自身利益，可以站出来据理力争，保持经营的健康状态。

直到现在，许多家族企业的领袖，还没有领悟设置这种机制的必要性，而两百多年前，成功的前辈们早就这么干了。

那么企业做大的关键是什么？有人说是战略，有人说是品牌，有人说是策划，有人说是管理，这些问题都重要，但是都又不重要。

做大企业，最重要的两个关键：一个是模式，一个是机制。有一个好的机制，就可以把笨人变得聪明，把懒人变得勤劳，而一个腐朽的机制，会把好人变坏，会把品德高尚的人变成道德败坏的人。

在古代中国，抢劫又杀人的处凌迟，其他抢劫则只处徒刑，由于有这个区别，在古代中国，抢劫的不常杀人；但在古代俄国，抢劫和杀人的惩罚都是死刑，抢劫者经常杀人，因为只有死人才不会指控一个人犯抢劫罪。

不合理的机制，执行力越强，企业倒闭得越快。

企业要变大，家族企业一定要有能力创造一个符合企业高速发展的机制。这样的机制，创造成功了，你就成功了，创造不了，你就失败。

所有的战略要靠人去执行，所有的执行力要有人的积极性。

有了好的机制，没有人才可以吸引人才，没有资金可以吸引资金，没有战略可以指定战略。有些国有企业不缺资金，不缺人才，它却失败了，因为它的机制是落后的。

民营企业的机制分两类，一个叫作激励机制，一个叫作管理机制。激励机制指的是财富的分配规则，挣来的钱该怎么分。管理机制是指，如何把小型企业的管理方法，变成大型企业的管理方法。从管看得见的人，变成管看不见的人。激励机制是如何发挥人的积极性，而管理机制是让同样的积极性拥有更好的产出。

今天的老板有两类，一类是创业的老板，最怕自己的人分出去做自己的公司，还有一类老板，就是从别人那里分出来自己做的老板。

所以我们完善中国的管理模式就是要把一个制造型的机制，变成一个创造型的机制。在激励机制上必须要有一个变革，而这个变革从何而来，我们必须要清楚地知道，没有人的积极性，任何管理都没有用。

很多高科技企业把30%~70%的利润，用于分红，用于分红的利润当中，股东只拿30%，70%的分红分给企业那些不持股的员工。问题是你的公司这样做了吗？问题是你的公司敢这样做吗？问题是你的公司这样做了就能成功吗？

我知道，很多老板都是从原来老板那儿分出来做老板的，而今天读我们这本书的许多人就在谋划着分出去做老板，不管怎样，你就是成功地分出去做了老板，难道将来你底下的人不会再分出去做老板吗？

如果老是不断地分出去做老板，你的企业能做大吗？中国就永远不会产生像微软和IBM那样的公司。而这是中国很多企业里面存在的一股独大的资本主义。

世界500强中80%的企业，就是靠这个方式从小变大、从弱变强的。

孙正义投资了1亿美元给雅虎，只占30%的股份，上市那天，创造了几百个百万富翁，和几十个千万富翁，创造了全世界最年轻最有钱的华人杨致远，而孙正义呢？除了1亿美元的大股东，只拿了3成股份。这就是知识经济的机制。

资本机制强调的是谁投资，谁受益，谁承担风险；而知识经济的机制，强调的是投资的人和投进知识与能力的人共同承担风险。对于收益，在一线工作的人占大部分，投资的人占一小部分。它已经成为了一种潮流。

公司要做大，必须要留住人，但是怎样留住人？过年送个蛋糕，过生日送一个贺卡，留得住人吗？留不住人。这是雕虫小技，虽然这样的雕虫小技还是会有作用的。那么怎样留住人？留住人一定要靠一个伟大的机制，留得他心服口服。

也就是我们要用一种机制，让和我们没有血缘关系的人，成为百万富翁。做大企业的关键就是让那些和我们没有血缘关系的人，不是亲人胜似亲人。

很多公司想进行股权分配，但老板总觉得给予股份不一定能解决问题，关键是要让老板觉得合理，员工也觉得公平。但世界上没有绝对的公平，唯有相对的公正。

很多老板对员工讲，好好干，干好了给你股份；那么员工心理会想，你给我股份，我才好好干，那么怎么解决这样的博弈？答案是股权对赌。

【案例二】一家食品公司有效的“手机电话管理”机制创新

有些公司对销售人员采取“一刀切”，即每个月固定400元的话费补贴。这种费用包干的做法确实省心，但不等于合理。且不说话费补贴平添了不必要的个人所得税负，更重要的是，销售业绩与客户拜访量、交流沟通量有着直接的关系。通信费包干，实际上也是给销售人员与客户交流的数量和质量设置上限。

本来是工作所需，却成了个人的一项固定收入，自然是能省则省，毕竟用自家的钱心疼，之所以还用一部分到工作上，是因为销售提成激励将这一矛盾掩盖了。

以下是“手机电话管理”机制创新办法的思路：

（1）销售人员的手机话费，必须持运营商出具的正式发票才能报销。

（2）话费额度为月销售额的0.4%，例如月销售额10万元，报销额度为400元。

（3）超过话费额度的，公司仍给予报销，但实行累进递减方式，即报销额每超出100元，报销比例递减10%，即：实得金额＝限额＋超额部分×对应报销比例。

例如话费限额为400元，超额100元以内，报销90%，如报500元实得490元；超额200元以内，报销80%，如报600元实得560元；依此类推。

（4）低于话费额度的，公司实行话费结余返还，即结余部分的50%返还给当事人。

例如报销额度为400元，如报300元实得350元；如报200元实得300元；依此类推。

（5）正常的手机话费报销，无须公司领导审核签字，只有特殊情况方需上报审批。

这样的规定，明显“下宽上窄”，即限额以内，非常宽松，超过限额，极为严格，但也不是一棍子打死。

在分段递增提成激励下，业务员的关注重点是销售额，累进递减的话费报销方案虽然不完美，却给了业务员既拓展业务、又自我约束的自主空间。

【案例三】师傅带徒弟的机制创新，彻底解决了“教会徒弟、饿死师傅”的问题。

（1）继续实行“一带一”的导师制，但师傅和徒弟之间可以双向选择，且必须每年一换。每年的师傅都不同，每年的徒弟也不同，从而避免师傅自身素质缺陷影响徒弟的持续成长，同时也在一定程度上瓦解了派系的形成可能。

（2）在师傅带徒弟的一年内，徒弟新增加的月销售提成，30%归师傅，同时公司再发同等数量的奖金给师傅，以感谢和奖励师傅对公司人才培养所做出的贡献。

例如，徒弟未跟随师傅前的一个月，月销售额为1万元，提成比例为

1.5%，提成为150元。从师后第十个月，月销售额达到5.4万元，提成比例为2.5%，提成为1350元，则师傅当月奖金为（1350 － 150）× 30% × 2＝720元。由于实行分段递增提成机制，徒弟销售业绩增长越快，师傅所拿奖金越高。

（3）师傅带徒弟满一年后，以徒弟当年新增销售提成的月平均为基数，第二年每月按此基数分30%归师傅，第三年分取20%，逐年递减。公司同样配发同等数量的奖金给师傅。

例如，徒弟跟随师傅的一年内，12个月平均下来，每月新增销售提成为1000元，则次年师傅的每月奖金为1000 × 30% × 2＝600元，第三年为400元，第四年为200元，直至为零。

这考虑到师傅传授的销售技巧与方法，一方面长期产生效果，另一方面长期效果会衰减。

（4）在此期间，如果徒弟主动离职，则停发师傅的分成与奖金；如公司辞退徒弟，公司的配套奖金仍发给师傅。当然，如师傅走人，自然什么分成和奖金都没了。

如此一来，一个徒弟跳槽，可能涉及多位师傅的奖金调整；而师傅离职，也要掂量掂量每个月固定的分成和奖金。

师徒如父子，情分牵扯加利益牵制，千丝万缕又盘根错节，这种多重的人际联系，无形之中也起到了稳定销售队伍的作用。

由于师傅的培养效果是用徒弟的销售业绩去检验，所以无须什么培训评估；同样，由于师傅的分成和奖金，直接与徒弟的销售业绩挂钩，徒弟的销售业绩越好，师傅的收入越高，与直销中的上下线关系有一定的相似之处，因而达到的协作效果也是相似的。

这个机制，彻底解决了“教会徒弟、饿死师傅”的问题。

十、杰亚伯拉罕的 100 个经过测试的最著名的标题

1. 让人一瞬间喜欢你的秘密

耗资大约500 000美元打出这个标题的广告，它吸引了非常多的人来关注这个广告。一个广告成就了一笔大生意。

2. 一个小错误让一个农夫每年损失 3000 美元

花一笔相当可观的费用在农场杂志登出这个广告。有时候有关抵消减少，或消除“危机的损失”这些负责任的想法比“有收获的前景”更吸引人。

某大公司的总裁柴斯德曾说：“为了挣100美元我一个晚上也不愿意等，可为了减少损失我愿意等7个晚上。”

华特诺瓦在6个成功销售技巧上说：“人们在避免他们已有的损失方面所做的工作，比在他们还没拥有的、但可以获得更大的收益方面所花的工作多多了。”事实上他们的感觉就是补救浪费和损失比获取的利润容易得多。

当农夫们读到这样的标题时，他们会想：“这个小错误是什么呢？为什么它是‘小’错误？我犯过这样的错误吗？它让那个农夫损失了3000美元，换成是我会不会损失更多？”

3. 给那些丈夫不会省钱的妻子的建议

这个标题里“建议”的震撼力是经常得到验证的。大多数人需要它，不管他们是否听从这个建议。这个特定的“小毛病”很普通，但它可以足够吸引许多读者。

4. 一位赢得所有人心的小孩

这个广告是刊登在妇女杂志上的。它抓住了感情这个主线，描述了一个每个父母都希望自己女儿能成为那样的女孩形象，她开心大笑，戏闹着，向着张开臂膀的怀抱跑去。这个画面从这个广告里跳了出来，跳进了读者的臂弯，跳进了读者的心里。

5. 聚会上您是否曾像个局外人？

这个广告标题激发了无数人的自我意识，舞会上落单？“啊，那就是我！我要看这个广告，它也许能告诉我该如何去做。”这个标题向那些想知道答案的人提出了问题，激起了人们的好奇心和对主要内容的兴趣。它毫不啰唆，直截了当。

6. 一个新发现——如何让一位相貌平平的女孩变漂亮

这个广告标题极具吸引力，相貌平平的女人绝对没有漂亮的女人多——这个讲的正是怎么样可以让她们变漂亮。

7. 如何赢得朋友并影响他人

这个广告标题曾让那些用了同样标题的书销售了几百万册。但是如果没有“如何”这两个字，这个标题也就只是个缺乏新意的宣传标语。

8. 最后的 2 个小时是最漫长的——也是您可以省下的 2 个小时

一个飞机广告突出了快速旅行的特征。旅行时最后的那没完没了的两个小时，足可以消磨掉那些经常搭飞机的旅客的神经和耐心。这个广告绝对可以吸引他们的眼球。就像那些好的标题一样，它来自于创作者的亲身经验。这个标题即使没有任何画面来造势也具有很大的吸引力。如果配上宣传画，画面有一只手表，手表上1~10的小时刻度紧连在一起，10、11、12却离得很远，这个画面肯定更能增强广告标题的效果。

9. 还有谁想成为荧幕明星？

谁不想呢？"有谁"也有"赶时髦"的含义：不是"可以吗？"，而是"还有谁想是呢？"

10. 使用英语您犯过这些错误吗？

标题直截了当。关键字"这些"这个字眼可以"钩"住你去读下面的内容。"这些错误是哪些呢，我犯过吗？"它同时也暗示这些错误来自于亲身经历，而不仅仅是"建议"。

11. 为什么一些食物在你的胃里"爆炸"？

具有煽动意味的"为什么"型标题。

12. 让你的手在 24 小时内更美丽，否则全额退款

对女人很有吸引力的标题，保证结果"全额退款"。

13. 您可以笑对金钱的烦恼——如果按照这个简单的计划

每个人都希望可以用最简单方便的计划来解决金钱的烦恼。广告成功的关键在于联想到了很多人都经历过的事情。

14. 为什么一直有人在股票上赚钱？

重点的关键词是“一直”，激发人们的好奇心，别人能一直在股市里赚钱的原因是什么。

15. 当医生感觉“糟透了”时所做的事情

这个著名的广告成功的秘密是什么？似是而非具有一定的建议性。我们很少会去想医生的身体不健康。如果他们不健康，那他们会从专业角度做哪些能缓解“糟透了”感觉的事情，由此引起读者的兴趣。

另外，口语式说法“感觉糟透了”也有吸引力，听上去有人情味，也很自然。如果这个标题由“当医生感觉糟透了”改为“医生感觉不能胜任了”，就只有一般的吸引力。

16. 不可思议，有签名的原版蚀刻画——每个只有 5 美元

想象一下读者看到这些物美价廉广告时会有什么样的疑问吧。

17. 5 个熟悉的皮肤问题——你想解决哪些呢？

“让我看下去——看看我是否有这5个里面的一个。”疑问句式的标题可

以诱导读者看下去。老套的讲法“这些里的哪些”只是在兜售技巧，不用“你想不想”而是“你想要哪些”。

18. 2.50 美元到 5 美元的畅销货里您想要哪些——每个只要 1 美元

这个广告让那本书销售了几百万册。价钱上的强烈对比增加了它的吸引力。

19. 谁曾听说过一个正在减肥的女人还可以同时享有 3 顿美食呢?

又一个使用了可以预料到答案的疑问式标题，让读者来寻找解决问题的办法。

20. 我如何在一夜之间增强我的记忆力

这个著名的“西雅图·艾狄森”广告成了一般的用语。你难道会不想去看?

21. 发掘隐藏在您薪水里的财富

“发掘隐藏的东西”的绝佳标题之一。“薪水之外的收益”这点足以诱惑读者。

22. 医生证明：3 个女人中有 2 个可以在 14 天内让皮肤更完美

女人都想知道：“为什么是3个中的2个呢？我是那2个中的一个吗？医生是怎么证明的？短期内就可以有效果正是我想要的……只有14天！”

23. 我是如何运用一个“蠢方法”致富的?

自相矛盾的说法激起读者兴趣。概括性的道出了几乎每个人都曾有过一个别人认为很蠢且不切实际的赚钱办法。读者对这些失败者肯定有同情心：“这个可以在嘲笑他的人的身上‘转桌子’的家伙到底有什么样的故事呢？”

24. 你常对自己说“不，我还没有阅读；不过我会去做”

一个著名的图书俱乐部花了大笔的钱打出了这个广告。标题一言点中了巨大市场的核心——那些“必须”但却还没有看过这些新书的人。

25. 数以千计的人都拥有无价的天赋——只是有的还未被发掘出来

什么是“无价的天赋”？为什么是“无价”的？“还未被发掘”这个字眼具有很大的吸引力。很多人都确信他们自己拥有别人从未发现的天赋和能力，这样的结果就是他们的能力或天赋被低估或是被误判。

26. 孩子不听话是谁的错呢?

有哪些父母看了这个标题会不自问呢？“我就是那个应该责备的人。这个情况挺糟糕的——重要的是，好像说的就是我。也许这个广告会告诉我应该做点什么！”

27. 我是如何运用一个“愚蠢的技艺”成为销售明星的?

读者会想：“这个‘愚蠢的技艺’是什么？为什么要这样叫它？我也要

‘销售’我自己和我的点子——尽管销售不是我职业。”

28. 您有这些神经耗尽的症状吗?

每个人都希望看一看这些“症状”是什么。

29. 有惊无险地走过冰面、泥泞地或是雪地——否则我们会帮你付拖车费

如果你对你的产品提供有力的保证，就坚决且快速地把它加到标题里。别把它放在不显眼的地方。很多产品因为靠有力的保证取得了一定的成功，但是它们的广告并没有把它们放在最重要的地点。

30. 您是否有一只“令你担心”的股票?

引发读者思考:“也许这个广告告诉我为什么我经常为了它睡不着觉——或许我可以换一只可以急速上涨的股票。”

31. 一种新的海泥如何在30分钟内改善我的肤色?

许了一个让人有所渴望的回报承诺。别的真实经历(跟我们自身的一些需求有点关系)总是有趣的。

32. 161条新的道路通向男人的心

又是一个运用特色吸引注意的例子——结合了强的基本吸引力。

33. 隐藏在你农场里的利润

这个广告大量地刊登在农业杂志上，结果让人惊喜。运用了“隐藏的利润”这个点子和挽回损失的建议。

34. 对你来说一个小孩的生命只值 1 美元吗？

一个尖锐的关于换车闸的标题。强烈的感情性吸引力：一个小孩可能因为你的不太灵光的车闸造成的事故而丢掉性命。

35. 各地的女人都为这个令人惊奇的新洗发水所倾倒

口语式的说法“为……倾倒”，“各地的”表明产品的受欢迎程度。

36. 你是否做过这 10 件让人尴尬的事情。

直击中心的问题。我们所有人都害怕在别人面前会尴尬：被批评、被瞧不起，被人议论。“这‘10’个是什么？我有吗？”

37. 六种类型的投资者——您是哪一种呢？

这个广告做了大量的调查。投资者看到这六个类型的特征，就如广告里所说的，他们会咨询有关他们自己那一类作为投资目的的项目。

38. 如何去除污点

一个提供好“服务”的广告的例子，不仅与这个产品联系点很紧，而且它还有一些对它自身也有帮助的有用信息。

39. 保护，10000 美元在你的不动产——用一顶新帽子的价钱

谁不想这么做呢？关于这个承诺的怀疑就是这个广告商是否是一家大的信誉好的保险公司。

40. 您的孩子让您难过吗？

一个直接、具有挑衅性的普通问题，会激起读者的愤怒或是勾起他们的回忆。将来如何避免这种令人不愉快的事情呢？

41. 您的家境寒酸吗?

一个直击读者内心的问题。设想一下一个墙上只有一张照片的起居室，用几幅画装饰一下就可以改善房间的外观。

42. 如何给你的孩子补额外的铁——用这 3 个奇妙的点子吧

这个标题遵从了一句名言：“想读者所想的。”也就是说，读者们早就清楚小孩子血液里应该含有大量的铁。所以这个标题的出发点就抓住这个——承诺了“额外”的铁和“3个奇妙的方法”可以做到这点。

43. 给那些想写作的人

准确无误地选择了观众，它的数量是可观的——并且他们是心甘情愿的。

44. 转弯时这个魔幻般的灯在你打开它之前就已照亮了高速公路

标题里提出了在遇到烦恼时一个自动、毫不费力的解决方法。

45. 我们对我们的胃所犯的罪

又一个“想读者所想的”的标题——因为大多数读者确实没有善待他们自己的消化系统。广告主题和读者观念之间的这个和谐在效力上平衡了“我们”、“我们的”、“你们”、“你们的”。

46. 有“蝗虫般思维”的人

看到这个标题读者会立刻联系到自身。他会立刻想到去检查一下自己身上是否有类似的东西。

“我跟他有多像呢？这个习惯不太好。”、“他又做了些什么呢？”这个标题利用了一个负面消极的例子，它比正面积极的例子更能准确击中要害，引人注目。

47. 当我坐在钢琴前他们笑了，当我开始演奏时……

一个运用了语言技巧的例子。这个标题结构上使用了“拐弯”，利用一个收尾语使得整个句子由消极负面转为积极正面，这个效果具有一定的趣味性。

还值得注意的是，这样在结构上前后有着明显对比的例子可以用在很多标题里。

48. 扔掉你手中的木桨

一个短的肯定式命令句足可以让读者止步。

49. 如何利用一块小小的地创造奇迹

这个成功的标题比"两英亩给你安全感"多带来75%的利润，比"小土地——大收益"多带来40%的利润。其成功点是"如何"和"用……创造奇迹"。

50. 有谁要那个完美蛋糕，只需一半的搅拌时间

又一个"有谁"的标题。

51. 小小的漏洞让你变穷

"找回损失"作为关键的广告类型。

52. 被 301 个钵子刺穿，仍保持原有的气压

谁会没有兴趣看这样的轮胎广告呢？

53. 我再也不用在花园里做那些讨厌的事情，可是我的花园成了领导的展览区

一个在结构上的前后强烈对比让负面消极转为正面积极的标题。值得注

意的是，它还有一个有效的因素——一个好标题的特色，把作者的热心写到纸上。

54. 经常做伴娘，从未是新娘

如此刺人心的事实，如此准确，也是如此的平常。

55. 在“工人压力”方面让您的公司花费了多少？

一个刊登在读者是经理等主管人员的商业杂志上的话，取得了巨大的成功。“我想知道这些‘工人压力’是什么，别的公司为‘工人压力’花费了什么？我们花了多少？对于这个问题我们可以做些什么呢？”

56. 给那些有一天会辞职的人

一字不多地选择了读者范围。

57. 如何规划家，让它更适合你

这样的标题比“在设计时如何不犯这样的错误”多了20%的吸引力。很明显，人们都希望建筑师避免这些错误——但是总觉得自己才是最了解自己要求和喜好的人。

58. 先别购买，直到你已经看到了商机

“命令”式的标题，强有力的“制止者”，可以用在很多地方。

59. 回想在剧院里那些激动人心的场面

有时“从读者所想的”出发是个很好的点子。这个怀旧性的标题用来销售著名歌剧的唱片。这个点子有积极的一面：受欢迎的回忆。它也可能有负面效应：用一种新产品的优势与不受欢迎的回忆相比较。

60. “我摆脱掉了赘肉，还省下了钱”

“赘肉”这个词是个“制止者”，一般的广告里不会用到。这则广告标题有双重的“吸引力”：既能摆脱你不满意的状况又能省钱。

61. 为什么（品牌名称）今年更耀眼?

这个标题描述了一个重点，在标题里说出公司的名字。

62. 正确和错误的耕作方式——小小的指点都可以增加你的利润

这则广告刊登在农业刊物上，收益颇丰。积极正面和消极负面相结合，吸引了很多的农场主。

63. 新的蛋糕——你会大力地赞扬改良者

通过这个标题做这个广告的企业告诉读者三件事情：（1）产品是什么；（2）做了什么；（3）从广告商的角度来说，就是别人对你有什么说法、什么想法、对你做些什么，他们有多赞美你、羡慕你、模仿你——我的产品都可以让你做到。从客户的角度来说，因为你的产品，别人会更多的关注我！

64. 想象我——进行一个 30 分钟让人着迷的演说

一个反映很好的叙述性标题。这类标题能引起读者很大的兴趣。叙述者带来的惊喜和他的谦卑给人以信任。

65. 这就是玛略·安陀南特——正迈向死亡

一个关于一系列书的经常重复的广告。这个标题直接使用了“好奇心”。

66. 你曾看过从你心底发来的“电报”吗?

它描述出来的画面是在四联电报单上印出来的心电图，吸引读者继续看下去。

67. 现在任何的汽车修理工作都可能成为你的“鸭汤”

“鸭汤”这个词用在广告里比那些用一般像“容易”等这样的词语的广告更能击中重点。

68. 现在的洗发水让你的头发更顺、更加便于打理

清楚明了地表达了一个所有女人都想要的结果。“让”这个字给人的感觉是不需要花费什么力气。

69. 赚不到大钱你应该感到羞耻——如果别人轻易地做到了

口语化的说法“感到羞耻。”读者会产生同情心理 :“你和那些人是一样

能干的。”

70. 你从未看过这样的信——哈利和我是怎么得到我们应得的

友好、亲切、毫无戒心的坦白，没有惯常的广告用语。当然，“这样的信”也有一定的吸引力。

71. 数以千计的人做到了他们以前从未想过的事情

一家大的音乐学院的广告标题。

72. 伟大的新发现，赶尽厨房的异味——让室内的空气就像乡间的空气一样新鲜

这个广告标题帮助企业做成了大生意。正面地面对问题，提出简单、容易、让人满意的解决办法。

73. 做个 1 分钟的测试——测试一种新的剃须膏

“做个测试”这个说法在很多好的标题里用过。它有很大的作用，它的目的就是说服读者参加对产品品质的证明测试。不管读者是否真的参与了这个测试，如果它值得信任且生动，本身就是有说服力的证明。

74. 现在宣布：新一版的百科全书让学习变得更有趣味

“宣布”性质的标题也能赢得人们的注意，因为人们对新产品总是有兴趣。

75. 她又点菜了……“一份鸡肉沙拉，谢谢”

这句话让一本关于礼节方面的书成了畅销书，因为它说出了一个既普通又尴尬的场面。

76. 给那些比她看起来年纪大的女人

这个标题也有很强的吸引力，效果比“给那些比她看起来年轻的女人”好。

77. 怎样挑选一个好的旧车

这个非常优秀的标题突出了产品的特质。在这个标题之后出现的画面是印第安沙丘。这些沙丘代表的意思就是“好的二手车可以带你去任何你想去的地方。为什么不买辆呢？无须花很多钱。”最后，这个广告给出了有关售卖汽车的细节。

78. 检查一下你想要的体型

这个核对表能一下就吸引读者来检查看哪些是他自己在塑体型方面需要做的。

79. “你毁掉那个故事，否则我把你踢出这个国家”

叙述性的广告，刊登在全国性的报纸上。你难道会不想到底发生了什么，就这样把报纸翻过去吗？

80. 快速取暖法

简单的日常用语，一个摆除不受欢迎状况的承诺。

81. 又有个女人在等她的男人……她很精明，但“口气”不太好

这个牙膏广告对女性读者有相当大的吸引力。这个标题很显然有很多方面的动机：“没有一个女人愿意让她的丈夫带着她的口臭味去工作，而这个却是那些白天与丈夫在一起工作的有魅力的女人没有的。”

82. 自来水笔在灌水之前会“打嗝”，但是灌水后就不会

标题用简单的几个字点出了主题，让一个品牌的钢笔处于显眼位置。

83. 如果有人给你 20000 美元，这不就是你想要成为的那个类型（产品种类，但不是名牌）吗?

一个“自证其罪”的方法，让读者在这样的产品里找到什么东西对他来说是最有价值的。

84. “上个周五，我很害怕，老板差点解雇我！”

叙述性标题，人们都想读下去，因为它是关于“我”或是可能在“我”身上发生的事情。

85. 76 个让你几个月前回应我们广告的理由

一个利用了“由原路返回”的有趣标题，细节化地列出了因为以前没有买这个产品而错过的一些东西。

86. 想一下这个发生在你的婚礼上

一个叙述性的标题，很少会有读者跳过去不读它。“那天发生了什么悲惨的事？我的婚礼上有吗？”

87. 别让“香港脚”让你“跳”起来

这个比“止脚痒”多了3倍的吸引力。这个标题给了这个病痛一个类似的名字，突出了人们不想要的结果。

88. 他们升职成了你的顶头上司

又一个涉及范围很大的问题：目标是一群失落、气馁的人，他们总认为他们的能力和所尽的责任没有完全得到赏识，也没有得到相应的提升。

89. 我们的国人素质很差吗？

这个标题让那些名著的廉价版本大卖。它说到了读者所想的：作为一个国家，我们并不是以有很高文化素养著称的。

这个很成功的例子说明美国人很清楚地知道功劳和人气的区别。如果有挑战，还可以用订单来证明。从“我们”这个角度出发可以避免来自“你们”的责难。

90. 一个美妙的带薪的两年假期，但是只有那些有想象力的人才可以得到

这个关于生意人课程的广告在一系列的杂志上不停被刊登出来，长达七年。

91. 每个人应该知道——股票和票据生意

这个标题用很小的字体占了报纸的一整页，连一个图片都没有。首次出版后就收到5000个回复，目前已在不少于150种报纸上刊登过。承诺有帮助的信息吸引了大量的读者。它是一个大的投资机构打出的广告。

92. 来自美国砖砖石折扣屋的省钱商品

“便宜货”当然很有吸引力，这也是直接表达方式的一个好例证。

93. 以前的理发师傅作为不动产专家，4 个月里挣了 8000 美元

特意地描述一个实际的例子也可以作为好的标题。这个例子里，读者的第一个反应就是“如果理发师可以做到，我大概也可以！”

94. 免费书……告诉你怎样更好地打理草坪

如果你可以免费提供某个东西，诸如小册子或是样品之类，并且还有一定的数量，那就在标题里直接表示出来吧。

95. 关于“容易做的事情”的方法曾被塞进了一本大书里

标题中使用引号会让人的回忆率上升25%。

96. 价值 80 000 美元！你是否在寻找这样的新型厨房？

写出具体的高金额会非常吸引人的眼球。

97. 现在！拥有佛罗里达土地

这个标题也是会经常被用到。简单的条目，看上去很有说服力。

98. 随便选取这样的厨房 3 个，仅仅需要 8.95 美元（最高值 15.45 美元）

很熟悉的表达方式，也很有诱惑力的标题。

99. 每两罐果酱省 2 毛钱，限量发行

很流行的优惠券广告，“限量发行”也增加了吸引力。

100. 买三送一

最后一个标题类型：免费品。这个规则就是，如果某个商品必须得买，它所要的条件必须清楚地写出来。“免费”经常被用到，也是很俗套的说法，但仍具有很强的吸引力。

附　录 A

财富中国商业模式咨询服务内容：商业模式内训和商业模式咨询。

A.1　财富中国商业模式内训

- 《新商业模式创新设计【综合篇】》2天；
- 《新商业模式创新设计【零售连锁篇】》2天；
- 《新商业模式创新设计【制造业篇】》2天；
- 《新商业模式创新设计【互联网篇】》1天；
- 《新商业模式创新设计【金融模式篇】》1天；
- 《新商业模式创新设计【汽车产业篇】》1天；
- 《新商业模式创新设计【房地产篇】》1天。

A.2　财富中国商业模式咨询

1. 商业模式设计

咨询内容：

- 目标客户定位与隐性核心需求；

- 收入快速增长方案；
- 成本革命性降低的建议；
- 自我复制的建议；
- 构筑竞争门槛的建议；
- 上下游价值链整合或合作的建议；
- 本企业在该行业中发展趋势的建议；
- 既没品牌，又无资金实力的企业低成本招商的建议。

咨询价值：

- 帮助企业锁定具有潜力并能提供长期利润增长的消费群；
- 帮助企业找到低成本、高收益的最佳赢利模式；
- 建立关键资源能力，保护您的利润额；
- 帮助企业把重资产变轻，增强未来产生现金流的能力；
- 帮助企业以金融手段改善现金流结构，最终在资本市场实现企业价值最大化；
- 帮助企业设计好的商业模式增加利润，再通过高利润设计吸引力的薪酬体系，再由高薪酬吸引高端人才；
- 帮助客户找出本行业发展的趋势与规律。

2. 赢利模式设计

（1）咨询内容

壮大商业经营的三种途径：

- 增加客户数量（十五种方法）；

- 加大交易/购买的量（八种方法）；
- 增加每项购买的频率和每位客户的货币价值（六种有力的方法）。

更快、更安全、更简单地壮大商业经营的三种先进方法：

- 敏锐地开发新市场（七种途径）；
- 增加新产品/服务（十种途径）；
- 购买竞争者的商业或资产（五种途径）。

（2）咨询价值

- 帮助企业设计21种赢利模式；
- 帮助企业的商业模式与品牌营销模式相匹配；
- 帮助发现企业发展的规律；
- 帮助找出行业中的2个高利润区；
- 帮助企业设计97个“勾”和“饵”模式；
- 帮助建立转介绍模式和“以物易物”模式；
- 帮助直邮模式与逆转风险模式如何对接；
- 帮助分析直营与加盟分别对应零售业中哪些产业。

3. 企业机制设计

（1）咨询内容

- 建造你自己的动力帕特农神庙的28种顶级方法；
- 如何设计出匹配商业模式的商业机制；
- 国有企业如何设计有效的机制，避免与政策的矛盾。

（2）咨询价值

- 帮助企业员工建立自动自发努力工作的机制；
- 帮助企业实现可标准化的机制的复制；
- 帮助企业建立核心的关键考核指标；
- 帮助企业建设防止让好人变坏的机制；
- 帮助企业各分公司管理层提升积极性的机制。

4. 投融资模式设计

（1）咨询内容

- 几何式商业增长的动力帕台农神庙；
- 战略性商业模式增长的9个支柱；
- 最优化&力量乘数效应的概念；
- 金融供应链模式设计；
- 金融仓储模式设计；
- 合理避税的34种方式。

（2）咨询价值

- 帮助企业获得资本市场（VC、上市）青睐;
- 帮助企业大幅度降低成本；
- 帮助企业各分子公司降低成本；
- 帮助企业通过合理避税降低成本。

参考文献

[1] 郑翔洲.如何打造你的核心竞争力.北京：经济管理出版社，2007.

[2] 郑翔洲.新商业模式赢天下.北京：北京东方影音公司，2010.

[3] 郑翔洲.低成本创新品牌七大招. 北京：北京东方影音公司，2011.

[4]（美）艾·里斯，杰克·特劳特.定位:有史以来对美国营销影响最大的观念.北京：中国财政经济出版社，2002.

[5]（美）艾·里斯，杰克·特劳特.营销革命.北京：中国财政经济出版社，2002.

[6]（美）菲利普·科特勒，凯文·莱恩·凯勒.营销管理.上海：上海人民出版社，2006.

[7]（德）赫尔曼·西蒙.隐形冠军.北京：经济日报出版社，2005.

[8] 李光斗.插位：颠覆竞争对手的品牌营销新战略.北京：机械工业出版社，2006.

[9] 李伟.影响世界企业的30部管理名著. 呼和浩特：内蒙古文化出版社，2005.

[10] 宋新宇.赢在战略.杭州：浙江人民出版社，2003.

[11] 李践.卖好.上海：上海三联书店，2005.

[12]（美）亚德里安·斯莱沃斯基.发现利润区.北京：中信出版社，2010.

[13] 李振勇.商道逻辑成功商业模式设计指南.北京：水利水电出版社，2009.

[14]（美）西奥多·B.金尼，阿尔·里斯.核心经营:基业长青的经营之道.北京：机械工业出版社，2004.

[15]（加）伊恩·戈登.聚焦：锁定目标打击对手北京：企业管理出版社，2006.

[16]（美）迈克尔·波特.竞争论.北京：中信出版社，2009.

[17]（美）杰·亚布拉罕.发现你的销售力量. 北京：中国商业出版社，2004.

[18]（美）克里斯·安德森.免费:商业的未来.北京：中信出版社，2009.

[19] 李铎，白森森.纯本百货独创模式:“007模式”先进在哪.北京商报，2010-12.

[20] 余涛.人力资源的“沃尔玛”.南方都市报，2011-03.

[21] 马纪朝.李文锁城：“锁”里乾坤.创业邦.2010-03.

[22] 刘岩.一伍一拾：从10块钱开始的千万生意.创业邦，2010.10.

[23] Jason Daley.赛百味在全球独领风骚.创业邦，2010-02.

[24] 陈纯丽.周黑鸭：湖北鸭脖大王的直营经.赢周刊，2011-01.

[25] 陈引榷.不是所有连锁都能直营.销售与市场，2011-01.

[26] 周波.NBA：赢在商业运作模式.中国财经报，2009-08.

[27] 谭荔文.一路听天下：上市“阳谋”.数字商业时代，2010-04.

[28] 胡军华，曾华珺.上海炫动把存货做成连锁生意.第一财经日报，2010-10.

[29] 郑爽.爽约就扣钱——“负激励策略”盘活健身公约.第一财经日报，2011-02.